I0148168

DÉPÔT LÉGAL

1858

GUIDE DE L'ÉTRANGER

A AMIENS

LF 217
A

Cathédrale, vue prise d'Henri-Ville. — Page 40.

GUIDE

DE L'ÉTRANGER

A AMIENS

DESCRIPTION DE

SES MONUMENTS ANCIENS ET MODERNES

suivie

D'une Biographie des Hommes remarquables

QUI SONT NÉS DANS CETTE CITÉ

Par H. CALLAND

OUVRAGE ILLUSTRÉ DE VIGNETTES

ET DU PLAN DE LA VILLE

SECONDE ÉDITION REVUE ET CORRIGÉE

BIBLIOTHÈQUE IMPÉRIALE IMPR.

AMIENS

TYPOGRAPHIE DE CARON ET LAMBERT

PLACE DU GRAND-MARCHÉ

1858

PRÉFACE.

Depuis plusieurs années, il a été publié successivement dans notre ville, des Guides ou Manuels, destinés à faire connaître au Voyageur la cité Amiénoise, à l'édifier sur son importance commerciale, à le diriger dans la recherche et l'appréciation de ses principaux monuments. De ces œuvres diverses, les unes, déjà trop anciennes, sont devenues surannées, incomplètes et inutiles, par suite des accroissements rapides, des changements extraordinaires, des transformations merveilleuses dont Amiens a été le théâtre depuis le commencement de ce siècle. Les autres, plus modernes, mais péchant presque toutes par défaut d'élégance, de méthode, de précision et de clarté, ne peuvent satisfaire convenablement l'attente de celui qui les consulte, et qui demande à un guide bien fait quelque chose de plus qu'une nomenclature sèche et stérile, que des descriptions froids, dénuées de vivacité, de chaleur et d'imagination.

Les défauts que nous venons de signaler, nous nous sommes efforcés de les éviter : nous avons voulu autant qu'il était en nous, parler dignement des sujets intéressants que nous avions à traiter. Nous avons considéré notre magnifique Cathédrale, par exemple, non-seulement au point de vue de ses beautés matérielles, mais encore à celui du sentiment artistique, intellectuel, moral et chrétien : nous n'avons pas seulement mesuré la superficie de son chœur et de sa nef, la hauteur de ses colonnes, l'élévation de ses voûtes, nous avons exprimé en termes profondément sentis, combien l'âme est vivement remuée à l'aspect d'un temple si noblement grandiose, combien la pensée religieuse, les aspirations vers l'infini, se développent et grandissent au sein de cette vaste étendue.

Cet ouvrage est particulièrement destiné aux Voyageurs que le besoin de leurs affaires ou l'impulsion de la curiosité conduit dans notre cité Picarde : nous croyons néanmoins l'avoir disposé de manière à intéresser également nos concitoyens, qui trouveront dans ce petit livre, sous une forme concise et succincte, l'expression vraie, sensible et palpable de l'Amiens actuel, tel que nous le voyons avec sa Cathédrale rajeunie et radieuse encore, malgré ses six siècles d'existence, son débarcadère grandiose, sa ceinture de voies ferrées, ses boulevards spacieux, couronnés d'une quadruple rangée d'arbres, son Musée qui s'élève et grandit au milieu d'un concours d'habiles ouvriers ; ils auront encore une image nette, précise et distincte de l'Amiens d'autrefois, avec son beffroi à la pyramide effilée, ses innombrables églises, ses monastères, ses couvents, ses chapelles, ses abbayes, ses fossés larges et profonds, ses remparts élevés l'entourant comme d'une solide et impénétrable cuirasse, ses portes épaisses et massives, ses ponts flanqués de tours ventrues, enfin toute sa physionomie sévère et féodale.

Ils pourront comparer ainsi les temps actuels aux siècles écoulés, la ville morte à la ville vivante, les progrès dévorants de l'industrie à l'inerte insouciance des temps anciens, l'activité incessante d'une population remuante et agitée, pareille à une immense république d'abeilles, aux ascétiques rêveries des époques monacales.

Ils y remarqueront encore, réunies dans un chapitre particulier, des notices détaillées, et placées dans un ordre chronologique, sur les hommes distingués qu'Amiens a produits, et qui se sont illustrés dans les sciences, les lettres, la religion ou les armes.

Enfin, pour que rien ne manque au but essentiellement pratique de cet ouvrage, nous y avons consacré en dernier lieu quelques pages aux renseignements qui peuvent intéresser le plus les Voyageurs, et leur faciliter l'exploration de la capitale de la Picardie.

GUIDE

DE L'ÉTRANGER

A AMIENS.

INTRODUCTION.

Le voyageur, emporté rapidement par l'impétueuse locomotive des bords de la Seine aux plaines de la Picardie, qui pour la première fois se dirige vers la cité Amiénoise, ne saurait, en y arrivant sur la ligne ferrée, se faire une juste idée de sa grandeur, de son importance ni même de sa position réelle. Depuis la station de Longueau et presque jusqu'à la vaste gare qui doit l'accueillir sous ses voûtes élancées, les talus escarpés qui bordent le chemin, ne permettent nullement à la vue de s'étendre ; alors même que l'on s'approche davantage de la ville, des ondulations de terrain sont disposées de telle sorte que les bâtiments accessoires du débarcadère frappent seuls les regards, et l'on se trouve dans Amiens avant d'avoir pu même soupçonner qu'on en fût aussi rapproché. Ce n'est qu'après avoir franchi la porte d'entrée de la gare que l'on s'aperçoit, en contemplant la ligne imposante des boulevards et les premières maisons de la large rue de Noyon, que

1.

l'on est transporté au sein d'une ville aux abords
grandioses, aux bâtisses régulières et bien propor-
tionnées, entourée d'une verdoyante ceinture d'arbres
au port majestueux.

Pour saisir et embrasser Amiens dans son ensemble,
il faut se transporter au point culminant de la montée
vulgairement appelée *montagne de Dury*, à la sortie du
faubourg de Beauvais, sur l'ancienne route de Paris à
Amiens. De cette élévation, le spectateur, tourné vers
le Nord, peut admirer dans tout son développement le
panorama le plus vaste et le plus étendu: devant lui,
à la distance voulue pour en distinguer parfaitement
l'ensemble et les détails principaux, au sein de la vallée
qui s'infléchit vers la Somme par une pente insensible,
s'étend, dans une largeur considérable, la capitale de
la Picardie, projetant, sur l'azur d'un ciel aux teintes
un peu pâles, les silhouettes de ses nombreux édifices.
A sa droite se dresse, surmontée de son clocher taillé
à jour, à la flèche svelte et délicate, la masse prodigieuse de sa splendide cathédrale, monument à jamais
célèbre, merveille des temps anciens, qui semble proté-
ger et garder, à l'ombre de ses vastes ailes, la ville cou-
chée à ses pieds. Après lui, en portant ses regards du
côté de l'occident, s'élève la tour du Beffroi, sur laquelle
se détache le cercle blanc de son cadran, dont on peut
apercevoir les chiffres à un kilomètre de distance. Près
de cet édifice de forme massive, apparaissent, plus modestes dans leur élévation, les tours des églises de Saint-
Germain, de Saint-Leu, de Saint-Jacques : puis çà et là
se dressent, pareils à des doigts indicateurs levés vers
le ciel, ces aiguilles rondes, ces obélisques de l'industrie, comme on les a si ingénieusement appelés, qui
témoignent de la haute importance d'Amiens comme
ville industrielle et commerciale. Plus loin encore, vers

le couchant, pareille à un bois touffu aux cimes verdoyantes, aux fraîches ombres, s'étend la magnifique promenade de la Hotoie; vers le nord, on distingue les hautes murailles en briques de la citadelle, qui rappellent, vivants et animés, les souvenirs du temps de Henri IV et du siége soutenu par les Espagnols. Ainsi, tout ce qui peut donner de l'importance et de la valeur à une grande cité, édifices religieux, constructions industrielles, monuments anciens portant sur leur front vénérable l'empreinte des siècles écoulés, promenades et boulevards offrant à ses habitants, sous de riants ombrages, des jardins émaillés de fleurs et de longues allées tirées au cordeau, tout se résume pour ainsi dire dans un seul coup-d'œil, et laisse dans l'âme charmée de ce tableau grandiose, une impression à la fois vive et durable.

Après avoir ainsi considéré son aspect extérieur, sa physionomie et son ensemble, examinons maintenant sa situation, son origine, et les différences qui existent entre la ville d'autrefois et la ville d'aujourd'hui.

Amiens, d'abord *Samarobriva*, puis *Ambianum*, ville ancienne, dont la fondation remonte à des temps très-reculés, était, avant la révolution de 1789, la capitale du gouvernement de Picardie, province opulente et mémorable dans les annales de notre histoire. Aujourd'hui chef-lieu de préfecture du département de la Somme, elle est située à peu près au centre de ce riche département, dans une vallée fertile, sur les rivières de Somme et d'Avre, et sur le canal de la Somme, qui l'entoure au nord d'une ceinture demi-circulaire. Communiquant avec la mer par la Somme et le canal de Saint-Quentin, et avec Paris, Londres et Bruxelles par un double chemin de fer, Amiens, dès longtemps considérée comme la douzième ville de l'Empire français, est appelée à tenir un jour le premier rang parmi les plus importantes et les plus favorisées.

Elle est située à 0°,2' 4" de longitude occidentale (méridien de Paris), et à 49° 53' 38" de latitude N. Sa distance légale de Paris est de 128 kilomètres.

Elle est le siége d'une cour impériale, d'une subdivision militaire et d'un arrondissement forestier. Elle possède un évêché, cour d'assises, tribunaux de première instance et de commerce, quatre justices-de-paix et un conseil de prud'hommes; il y a chambre de commerce, bourse, académie des sciences, belles-lettres, arts, commerce, école secondaire de médecine et jury médical, école normale, grand séminaire, lycée impérial et différents cours publics. Amiens possède, en outre, une société des antiquaires, une société philharmonique, un musée, une société des amis des arts qui, tous les ans le 1er juillet, ouvre une grande exposition à la salle de la Bourse, une société d'horticulture ayant une exposition chaque année, et un comice agricole. Les établissements philanthropiques abondent: Hôtel-Dieu, hospice pour les enfants abandonnés et les vieillards, hospice pour les incurables, salles d'asile, nombreuses écoles primaires gratuites. Amiens a deux réunions connues sous le nom de *Cercle de l'Union*, rue des Trois-Cailloux, et *Cercle de l'Industrie*, Logis-du-Roi : les étrangers présentés y sont admis. Il y a en outre plusieurs salons littéraires et un théâtre, rue des Trois-Cailloux, desservi par une troupe sédentaire qui, huit mois de l'année, joue trois fois par semaine l'opéra-comique, le drame, la comédie et le vaudeville.

D'après le dernier recensement, la population d'Amiens s'élève à 56,587 habitants.

On y entre par neuf barrières. Il y a neuf faubourgs et six banlieues.

Rivières. — Trois rivières l'arrosent, la *Somme* la *Selle* et l'*Avre*.

1° La *Somme* prend sa source au village de Fonsommes (Aisne), à 8 kilom. au-dessus de Saint-Quentin, traverse une partie de l'arrondissement de cette ville, entre dans le département auquel elle donne son nom, arrose successivement Ham, Péronne, Bray, Corbie, entre dans Amiens par deux lits différents, se partage en douze canaux qui se réunissent au Pont-Saint-Michel, après avoir alimenté un grand nombre d'usines. Au sortir de ce pont, le fleuve tourne le port d'Aval, où abordent les navires qui remontent le canal de Saint-Valery et d'Abbeville, reprend ensuite son cours jusqu'à Abbeville dont il baigne l'extrémité, puis va se jeter dans la Manche, entre le Crotoy et Saint-Valery, après avoir reçu l'Ancre, l'Avre, la Selle et plusieurs autres petites rivières. Depuis sa source jusqu'à son embouchure, il parcourt, d'abord du nord-est au sud-ouest, puis de l'est à l'ouest, une longueur de 160 kilomètres.

2° La *Selle* prend sa source à Catheux (Oise), et se jette en deux bras dans la Somme au-dessous d'Amiens après un parcours de 35 kilomètres.

3° L'*Avre* prend sa source et son nom à Avricourt (Oise), passe à Roye, Pierrepont, Moreuil et Boves. Avant d'arriver au pont de Longueau, elle se partage en deux bras, dont l'un vient se réunir à la Somme, près de Camon (à 4 kilom. d'Amiens), et dont l'autre, prenant une direction opposée, traverse le village de la Neuville-lès-Amiens, borde la promenade de la Voirie, entre dans la ville par le port de la Barette,

passe sous le Château-d'eau, et se jette dans la Somme
à l'endroit appelé autrefois la *Barbacane*.

Climat, Température. — La ville d'Amiens
n'est dominée par aucune montagne élevée : l'air y est
pur, le courant qui règne ordinairement sur la Somme
peut s'y renouveler sans obstacle. Cependant les brouil-
lards y sont assez fréquents, à cause de sa position
au sein d'une vallée en plusieurs endroits très-maré-
cageuse.

Le printemps et l'été y sont de courte durée ; l'au-
tomne est la saison la plus belle et la mieux soutenue ;
l'hiver y est presque toujours long, froid et humide à
la fois.

Le baromètre, dans son plus grand abaissement,
donne 734 millimètres ; dans sa plus grande élévation, 777 millimètres. — Le thermomètre de Réaumur
s'élève jusqu'à 28 degrés au-dessus de 0, et s'abaisse
à 15 degrés au-dessous, et quelquefois même plus
bas encore.

Circonférence, Superficie. — La circonférence de la ville, ou l'étendue totale de son enceinte
extérieure, y compris Henriville, est de 5,150 mètres.
— Cette enceinte est très-irrégulière ; elle est de forme
à peu près pentagonale. Sa superficie est de 1,726,400
mètres carrés. La contenance de son territoire, y compris les faubourgs et les sections, est de 5006 hectares
30 ares 71 centiares.

Rues, Places et Impasses d'Amiens. —
En 1806, on y comptait 150 rues, 12 impasses, 7,134
maisons, 6,695 ménages, et 39,853 habitants, y compris ceux de la banlieue.

Plus de 200 rues, 20 places, 21 impasses, quelques cours
et plusieurs passages importants coupent aujourd'hui la

ville d'Amiens. Quoique généralement irrégulières et portant encore les traces des temps où la capitale de la Picardie était place de guerre, beaucoup de rues se sont heureusement modifiées, et les principales d'entr'elles sont larges et bien ouvertes. Les plus remarquables sont celles de Noyon, des Trois-Cailloux, des Sergents, des Rabuissons. Dans cette dernière se trouvent l'Hôtel de la Préfecture, la Bibliothèque et le Musée actuellement en construction sur l'emplacement de l'ancien Arsenal. La plus longue est la chaussée Saint-Leu. Le nombre des maisons, considérablement accru depuis la fin du siècle dernier, s'élève maintenant à 11,243; leur hauteur moyenne est de deux à trois étages; un grand nombre pourtant, principalement dans les bas quartiers, n'ont qu'un étage. Le temps, le goût, la prospérité commerciale ont contribué à les renouveler, à les embellir. Celles qui entourent la place Saint-Denis, toutes construites d'après un plan uniforme, présentent à l'œil le plus agréable aspect. Année commune, on emploie 25.000 pavés pour le pavage des rues. Amiens forme, avec sa banlieue, quatre arrondissements ou Justices-de-Paix. L'arrondissement Nord-Est renferme 11,545 habitants; celui Sud-Est, 16,638; celui Sud-Ouest, 16,059; et celui Nord-Ouest, 12,345. Le nombre total des habitants est donc de 56,587.

TABLEAU

DES RUES, PLACES, PASSAGES, COURS ET IMPASSES D'AMIENS, ET DE SA BANLIEUE (*).

A.

D 3 4 Abattoir (quai de l'), faub. de la Hotoie.

C 4 4 Abbeville (route d'), faub. de Hem.

B 3 4 Abbeville (route d'), faub. de la Hotoie.

     4 Abbeville (route d'), Montières.

     2 Abladène (rue d'), La Neuville.

     2 Agrapin (rue de l'), La Neuville.

     2 Agrapin (l'), La Voirie.

G 1 1 Albert (chaussée d'), faub. Saint-Pierre.

G 5 2 Alger (rue d').

G 1 1 Allonville (route d'), faub. Saint-Pierre.

G 1 1 Allonville (rue neuve d'), faub. St.-Pierre.

     1 Amiens (chemin d'), Longpré.

     2 Amiens (rue d'), Boutillerie.

     4 Amiens (rue d'), Renancourt.

F 3 1 Andouille (rue de l').

E 4 4 Araignées (imp. des).

F 3 1 Archers (rue des).

E 4 4 Arts (passage des).

D 4 4 Artus (cour).

G 4 2 Augustins (rue des).

G 4 2 Augustins (p. rue des).

E 4 4 Aventure (rue de l').

G 3 1 Azéronde (rue).

B.

G 3 1 Baraban (boulevard).

G 4 2 Barette (rue de la).

G 4 2 Barette (petite rue de la).

G 4 2 Barette (passage de la).

H 4 2 Bastion (rue du), grand faubourg de Noyon.

G 7 3 Beauregard (rue), faubourg Saint-Fuscien.

(*) La lettre et le chiffre placés en avant du numéro indicatif de l'arrondissement, font connaitre l'endroit où se trouve la rue, dans les carrés tracés sur le plan.

E 6 3 Beauvais (boulev. de), g. faub. de Beauvais.

E 6 3 Beauvais (esplan. de), côté droit, petit faubourg de Beauvais.

E 6 3 Beauvais (esplan. de), côté gauche, grand faub. de Beauvais.

E 5 3 Beauvais gr. rue (de).

E 5 3 Beauvais (pet. rue de).

F 2 1 Becquerelles (rue des).

E 3 4 Béguignage (rue du).

     2 Belair (r. du), Boutiller.

G 6 3 Bellevue (rue), faubourg Saint-Fuscien.

     1 Bertricourt (hameau), Longpré.

E 6 2 Bibliothèque (rue de la).

C 4 4 Bicêtre (r. de), côté droit, faub. de la Hotoie.

C 4 3 Bicêtre (r. de), côté gauche, Petit-Saint-Jean.

I 6 2 Blamont (r. du), gr. faubourg de Noyon.

F 3 1 Blanquetaque (rue).

F 7 3 Blasset (rue), grand faubourg de Beauvais.

F 4 4 Bloc (rue du).

     2 Bois (r. du), La Neuv.

G 4 2 Bondes (rue des).

G 2 1 Bonnards (rue des), faubourg Saint-Pierre.

C 3 1 Bonvallet (rue), Saint-Maurice.

F 3 1 Bordeau (rue du).

E 6 3 Boucaque (rue du), faubourg de Beauvais.

F 4 1 Bouchers (rue des).

F 3 1 Bourelles (rue des).

F 3 1 Bouteilles (rue des).

D 4 3 Briques (rue des).

     4 Butteux (allée), Renancourt.

C.

     2 Cagny (route de), La Neuville.

E 4 3 Calandre (imp. de la).

     4 Calvaire (rue du), Renancourt.

F 6 2 Camp-des-Buttes (r. du).

E 3 1 Canal (rue du), Saint-Maurice.

G 3 1 Cange (boulevard du).

G 4 2 Cannettes (rue des).

F 3 1 Canteraine (rue).

E 5 3 Capucins (rue des).

E 5 3 Capucins (r. neuve des).

E 5 3 Capucins (passage des).

H 6 2 Castille (rue), petit faubourg de Noyon.

D 5 3 Caumartin (rue).

F 2 1 Célestins (boulev. des).

E 5 3 Cérisy (rue de).

D 5 3 Champs (r. n. des petits).

E 4 4 Chapeau-de-Viol. (r. du)

     4 Chapitre (cour du), Renancourt.

     4 Château (rue du), Montières.

C 3 4 Château de Milan (r. du), faubourg de Hem.

E 4 3 Chaudronniers (r. des).

B 3 4 Chauvelin (rue), faub. de Hem.

     4 Chemin de Grâce (r. du). Montières.

D 4 3 Cheval blanc (rue du).

     4 Christ (r. du), Montières.

C 5 3 Cimetière St-Roch(r.du) Petit-Saint-Jean.

E 2 1 Citadelle (la).

D 2 1 Citadelle (rue de la), Saint-Maurice.

I 6 2 Clabault (rue), petit faubourg de Noyon.

4 Clairgnat (rue), Renancourt.

F 3 1 Clairons (rue des).

F 3 1 Clairons (passage des).

F 4 2 Cloît. de la Barge (r.du).

F 4 2 Cloît. de l'Horloge(r.du)

F 4 2 Cloît. Notre-Dame(r.du)

F 4 2 Cloît. St.-Nicolas (r. du)

F 2 1 Coches (rue des).

F 2 1 Coches (passage des).

C 3 4 Coq (rue du), faub. de la Hotoie.

H 6 2 Cocquerel (rue), petit faub. de Noyon.

G 5 2 Collége (rue du).

F 5 2 Comédie (passage de la).

F 5 2 Commerce (passage du).

4 Condé (rue).

G 4 2 Constantine (rue de).

H 6 2 Contrescarpe(rue de la), petit faub. de Noyon.

3 Conty (rue neuve de), grand f. de Beauvais.

G 1 1 Corbie (route de), faubourg Saint-Pierre.

G 4 2 Corbie (rue de).

E 5 2 Cordeliers (imp. des).

E 5 2 Cordeliers (pass des).

E 5 2 Cordeliers (rue des).

I 6 2 Cornet (rue), petit faubourg de Noyon.

F 5 2 Corps-Nuds-sans-Têtes (rue des)

D 4 3 Corroyers (rue des).

F 7 3 Cozette (rue), gr. faubourg de Beauvais.

F 3 1 Crevasse (rue de la).

F 4 2 Crignons (rue des).

G 4 2 Crosse (impasse de la).

G 2 1 Cruchons(rue des), faubourg Saint-Pierre.

D.

H 6 2 Daire (rue).

G 3 1 Dame-Jeanne (rue).

H 6 2 Damis (rue), petit faubourg de Noyon.

G 6 3 Debray (r.), Henriville.

I 4 2 Dejean (rue), grand faubourg de Noyon.

E 5 3 Delambre (rue).

H 4 2 Delamorlière (rue), gr. faubourg de Noyon.

D 5 3 Demi-Lune (rue de la), Petit-Saint-Jean.

E 6 3 Desprez (rue).

H 6 2 Dewailly (rue), petit faub. de Noyon.

H 6 2 Digeon (r.), f. St-Fusc.

G 3 1 Dodane (rue de la).

D 6 3 Dom Bouquet (r.), petit faub. de Beauvais.

G 4 1 Don (place du).

F 4 1 Don (rue du).

E 4 4 Doubles-Chaises(r.des).

1 Doullens (r. de), faub. Saint-Maurice.

F 1 1 Doullens (route de), faub. Saint-Pierre.

H 6 2 Du Cange (petite rue), petit faub. de Noyon.

H 6 2 Du Cange (rue), faub. Saint-Fuscien

F 6 2 Dominy (rue), gr. faub. de Beauvais.

E.

E 3 1 Ecluse (quai de l'), Saint-Maurice.
E 3 1 Écluse (rue de l'), Saint-Maurice.
G 5 2 Ecoles Chrét. (rue des).
    4 Église (rue de l'), Montières.
C 2 1 Église (rue de l'), Saint-Maurice.
    1 Enbas (rue d'), Longpré.
    4 Enfer (r. d'), Montières.
F 3 1 Engoulvent (rue d').
E 4 4 Entonnoir (rue de l').
H 4 2 Est (boulevard de l').
    4 Étouvy (hameau d'), Montières.
    4 Étouvy (rue d'), Montières.
G 6 3 Évrard de Fouilloy (r.), Henriville.

F.

B 2 1 Falaise (rue de la), Saint-Maurice.
H 5 2 Faubourg de Noyon (r. du gr.), grand faub. Noyon et la Neuville.
H 6 2 Faubourg de Noyon (r. du petit).
D 4 3 Faux-Timons (rue des).
D 4 3 Flament (rue).
D 6 3 Fontaine (boulevard).
E 4 4 Fontaine (rue).
    3 Fontaine (rue de la), Boutillerie.

F 2 1 Fontaine d'Amour (rue de la).
H 6 2 Fossé (petite rue du), petit faub. de Noyon.
G 6 2 Fossé (rue du), faubourg Saint-Fuscien.
E 4 3 Four-à-Pâtés (rue du).
D 5 3 Four-d.-Champs (r. du).
D 4 3 Francs-Mûriers (r. des).
D 4 4 Frères (boulevard des), à partir de la 1/2 lune, faub. de la Hotoie.
D 5 3 Frères (boulevard des), jusqu'à la 1/2 lune, Petit-Saint-Jean.

G.

F 4 4 Gantiers (rue des).
    4 Garde-Toire (rue de la), Renancourt.
E 2 1 Gayan (barrière du), Saint-Maurice.
G 4 2 Gloriette (rue).
F 3 1 Granges (rue des).
E 4 3 Gresset (rue).
H 6 2 Gribeauval (rue), faubourg St.-Fuscien.
G 3 1 Gros-Navet (rue du).
E 4 4 Guindal (rue du).
D 6 3 Guyencourt (boul. de), pet. f. de Beauvais.
F 3 1 Guyenne (rue de).

H.

E 4 4 Hallebarde (rue de la).
G 4 2 Hautes-Cornes (r. des).
F 4 2 Henri IV (rue).
G 4 2 Hocquet (rue du).
E 4 3 Hôtel-de-Ville (pl. de l')

D 4   4 Hotoie (rue de la).
F 4   1 Huchers (place des).
F 4   1 Huchers (rue des).
D 5   3 Huguenots (pet. r. des).
D 6   3 Huguenots (rue des),
          petit f. de Beauvais.

J.

F 5   2 Jacobins (rue des).
B 3   4 Jacquart (rue), faub.
          de Hem.
E 3   4 Jardin-des-Plantes (bou-
          levard du).
G 4   2 Jardinet (rue du).
H 4   2 Jardinier (rue du petit),
          gr. faub. de Noyon.
H 4   2 Jardins (rue des), grand
          faubourg de Noyon.
D 7   3 Jean-Sellier (impasse),
          gr. f. de Beauvais.
E 4   4 Jeanne-Natière (rue).
F 4   3 Jeunes-Mâtins (r. des).
F 4   3 Jeunes-Mâtins (impasse
          des).
E 4   4 Job (rue de).
      1 Joseph Masson (rue),
          Longpré.

L.

F 7   3 Laurendeau (rue), gr.
          faub. de Beauvais.
C 4   4 Ledieu (rue), faubourg
          de la Hotoie.
H 5   2 Legrand d'Aussy (rue),
          gr. faub. de Noyon.
E 7   3 Lemâtre (rue), grand
          faub. de Beauvais.
G 6   3 Le Merchier (rue), Hen-
          riville.

E 4   3 Lenoël (passage).
      4 Lille (r. de), Montièr.
E 4   4 Lin (rue au).
E 5   3 Lirots (rue des).
F 5   2 Logis-du-Roi (pass. du).
F 4   3 Lombards (rue des).
D 6   3 Long-rang (rue du), pet.
          faub. de Beauvais.
      4 Longuet (r.), Montièr.
G 6   3 Longueville (boulev.),
          gr. f. de Beauvais.
G 5   2 Loup (rue du).
E 6   2 Louvel (rue des).

M.

F 3   1 Mai (cour de).
F 6   2 Mail (boulevard du).
G 6   2 Mail (rue du).
F 3   1 Majots (rue des).
      2 Marais (r. du), Boutiller.
G 2   1 Marais (rue du), faub.
          Saint-Pierre.
      2 Marais (r. du), La Neuv.
      1 Marais (r. du), Longpré.
      4 Marais (r. du), Montièr.
A 2   4 Marais de Hem (r. du),
          faubourg de Hem.
E 4   4 Mché-au-Feurre (pl. du).
F 4   4 Marché-de-Lanselles
          (place du).
E 4   3 Marché-au-Fil (pl. du).
D 4   4 Marché-aux-Bnaux (pl.
          du), f. de la Hotoie.
F 3   1 Marissons (rue des).
D 4   3 Martin-Bleu-Dieu (rue).
H 4   2 Masclef (rue), grand
          faubourg de Noyon.
      4 Mathieu (r.), Montièr.
E 4   4 Maubert (place).

E 2　4 Maulcreux (le).
G 6　2 Mazagran (rue de).
E 4　3 Metz (rue de).
G 4　2 Metz-l'Evêque (rue de).
　　　4 Meûniers (allée des),
　　　　Renancourt
D 2　1 Meûniers (rue des), St-
　　　　Maurice.
F 3　1 Minimes (rue des).
F 3　1 Minimes (pet. rue des).
F 3　1 Minimes (r. neuv. des).
F 3　1 Minimes (place des).
　　　4 Molliens-Vidame (rue
　　　　de) , Montières.
D 4　4 Mondain (rue).
　　　3 Montagne (rue de la),
　　　　Petit-Saint-Jean.
C 2　1 Montagne-aux-Chevaux
　　　　(r. de la), f. St-Maur.
D 4　4 Montmignon (impasse),
　　　　faub. de la Hotoie.
G 6　3 Montplaisir (pl.), côté
　　　　droit, f. St.-Fuscien.
G 6　2 Montplaisir (pl.), côté
　　　　gauc., f. St.-Fuscien.
G 7　3 Montplaisir (r.), faub.
　　　　Saint-Fuscien.
E 3　4 Motte (cour).
G 3　1 Motte (rue).
D 7　3 Moulin (rue du), grand
　　　　faub. de Beauvais.
　　　3 Moulin (rue neuve du),
　　　　gr. faub. de Beauvais.
E 4　4 Moulin-du-Roi (r. du).
E 3　4 Moulin-Neuf (rue du).

N.

F 5　2 Napoléon (rue).
E 5　2 Narine (rue de).
G 5　2 Neuve (rue).

H 5　2 Neuville (rue de la),
　　　　gr. faub. de Noyon.
F 4　2 Notre-Dame (place).
F 4　4 Notre-Dame (r. basse).
H 5　2 Noyon (esplanade de),
　　　　gr. faub. de Noyon.
G 5　2 Noyon (rue de).

O.

G 4　2 Oratoire (rue de l').
F 4　4 Orfèvres (rue des).

P.

F 5　2 Palais-de-Just. (r. du).
F 3　1 Paniers (rue des).
F 2　1 Parcheminiers (r. des).
E 7　3 Paris (route de), grand
　　　　faub. de Beauvais.
D 4　4 Passementiers (imp. d.)
E 3　1 Passerelle (quai de la),
　　　　Saint-Maurice.
F 7　3 Pâture (rue de la), gr.
　　　　faub. de Beauvais.
F 4　1 Pavée (rue).
F 5　2 Périgord (place).
　　　4 Petit-Jean (r.), Renanc.
D 4　3 Petit-St-Jean (r. du),
　　　　petit f. de Beauvais.
　　　3 Petit-St.-Jean (grande
　　　　r. du), Petit-St-Jean.
B 3　4 Philippe de Girard(rue),
　　　　faubourg de Hem.
G 6　2 Pierre l'Ermite (rue).
J 5　2 Pinceau (rue du) , gr.
　　　　faubourg de Noyon.
J 5　2 Pinceau (le), grand fau-
　　　　bourg de Noyon.
　　　1 Place (la), Longpré.
　　　2 Place (la), La Neuville.

F 4   1 Plumette (rue de la).
H 6   2 Pointin (rue), petit faubourg de Noyon.
F 3   1 Poirés (rue des).
E 3   4 Poissonnerie-d'Eau-Dce (petite rue de la).
E 3   4 Poissonnerie-d'Eau-Dce (rue de la).
F 3   1 Pont-à-Moinet (r. du).
B 5   3 Pont-à-Vaches (le), Petit-Saint-Jean.
F 3   1 Pont-Becquet (rue du).
F 4   4 Pont-Calais (rue du).
F 3   1 Pont-d'Amour (rue du).
    2 Pont-de-Longueau (le), La Neuville.
    4 Pont-de-Metz (rue du), Renancourt.
D 2   1 Pont-de-Pierres (rue du), Saint-Maurice.
G 4   2 Pont-du-Cange (r. du).
F 4   4 Pont-Piperesse (r. du).
    3 Ponts (rue des deux), Petit-Saint-Jean.
C 4   4 Port (rue du).
D 4   4 Port (boulevard du).
G 4   2 Port d'Amont.
    2 Port d'Aval.
G 6   2 Porte-Paris (rue de la).
D 5   3 Poudrière (rue de la).
F 3   1 Poulies (rue des).
B 5   3 Prairie (rue de la), Petit-Saint-Jean.
C 5   3 Prémontrés (rue des), Petit-Saint-Jean.
C 3   4 Près-Forêts (rue des), faub. de la Hotoie.
G 2   1 Presbytère (rue du), faub. Saint-Pierre.
G 4   2 Puits-Vert (rue du).

Q.

F 3   1 Quai (place du petit).
E 4   4 Quai (petite rue du).
E 3   4 Quai (rue du).
G 4   1 Queue-de-Vche (r. de la).
E 4   4 Quincampoix (rue).

R.

F 5   2 Rabuissons (rue des).
F 5   2 Renaissance (pge de la).
A 3   4 Renancourt (rue de), faubourg de Hem.
F 4   1 Rinchevaux (rue des).
H 5   2 Riolan (rue), grand faubourg de Noyon.
E 4   4 Riquier (rue).
    1 Rivery (petit), faubourg Saint-Pierre.
G 6   3 Robert de Luzarches (rue), Henriville.
1 6   2 Rohaut (rue), petit faubourg de Noyon.
D 7   3 Rouen (route de), petit faub. de Beauvais.
G 4   2 Rubempré (impasse).
    2 Rue (gr.), La Neuville.
    1 Rue (grande), Longpré.
    4 Rue (gr.), Montières.
    1 Ruellette de la place, Longpré.
F 2   1 Ruellette (rue de la), faub. Saint-Pierre.
E 7   3 Rumigny (rue de), gr. faub. de Beauvais.

S.

D 6   3 Sablière (rue de la), petit f. de Beauvais.

C 6 3 Sablière (rue de la), Petit-Saint-Jean.

1 Sac (rue du), Longpré.

2 Saint-Acheul (chaussée), La Neuville.

2 Saint-Acheul (rue), La Neuville.

E 6 3 Saint-Charles (boulev.)

I 5 2 Saint-Claude (rue), gr. faubourg de Noyon.

G 5 2 Saint-Denis (rue).

G 5 2 Saint-Denis (place).

G 5 2 Saint-Denis (passage).

F 5 2 Saint-Dominique (rue).

F 6 2 St-Dominique (r. neuv.)

E 4 4 Saint-Firmin (place).

F 4 2 St-Firmin-le-Cresseur (r.)

I 5 2 Saint-François (rue), gr. faubourg de Noyon.

G 6 3 St-Fuscien (rue), côté droit, f. St-Fuscien.

G 6 2 St-Fuscien (rue), côté gche, f. St-Fuscien.

H 7 2 Saint-Geoffroy (rue), faub. Saint-Fuscien.

E 3 4 Saint-Germain (île).

E 4 4 Saint-Germain (pet. rue).

E 4 4 Saint-Germain (rue).

E 4 4 Saint-Germain (r. basse).

D 7 3 Saint-Honoré (rue), gr. faub. de Beauvais.

D 7 3 St-Honoré (r. neuv.), gr. faub. de Beauvais.

D 4 3 Saint-Jacques (boulev.)

E 4 3 Saint-Jacques (rue).

1 St-Léger (rue), Longpré.

F 3 1 Saint-Leu (rue).

F 3 1 Saint-Leu (petite rue).

F 6 3 Saint-Louis (rue), grand faub. de Beauvais.

F 4 3 Saint-Martin (rue).

F 4 3 Saint-Martin (place).

F 4 4 Saint-Martin (r. basse).

I 5 2 St-Martin-des-Champs (rue), gr. f. de Noyon.

C 2 1 St-Maurice (grande rue), faub. Saint-Maurice.

E 3 1 Saint-Maurice (quai de).

F 3 1 Saint-Maurice (rue).

G 5 2 Saint-Michel (boulev.).

G 4 2 Saint-Michel (place).

E 4 3 Saint-Patrice (impasse).

F 2 1 Saint-Pierre (chaussée).

F 2 1 Saint-Pierre (esplanade de la porte).

F 4 2 Saint-Remi (rue).

F 4 2 Saint-Remi (petite rue).

F 4 2 Saint-Remi (place).

D 4 4 Saint-Roch (rue), partie faub. de la Hotoie.

C 5 3 Saint-Roch (rue), partie Petit-Saint-Jean.

C 5 4 Saint-Roch (r. du petit), Petit-Saint-Jean.

F 2 1 Saint-Sulpice (boulev.).

B 1 1 Sainte-Aragone (île), Saint-Maurice.

E 4 4 Sainte-Catherine (rue).

E 3 1 Sainte-Claire (rue).

E 5 3 Sainte-Marguerite (rue).

E 4 4 Ste-Marguerite (p. rue).

F 5 2 Saintes-Maries (r. des).

D 5 3 Salle d'Asile (rue de la), Petit-Saint-Jean.

D 4 4 Sans-Boutons (impasse), faub. de la Hotoie.

F 4 3 Sergents (rue des).

F 5 2 Sire-Firmin-Leroux (r.)

E 4 4 Sœurs-Grises (pass. des).

E 4 4 Sœurs-Grises (rue des).

24 GUIDE DE L'ÉTRANGER

G 4 2 Soleil (rue du).
D 3 1 Somme (quai de la),
        Saint-Maurice.
F 4 2 Soufflets (rue des).
     3 Sylvius (rue), grand fau-
        bourg de Beauvais.

T.

F 3 1 Taillefer (rue).
E 4 4 Tanneurs (r. basse des).
F 4 4 Tanneurs (r. haute des).
F 2 1 Tappeplomb (rue).
D 2 1 Teinturiers (rue des),
        Saint-Maurice.
     2 Terrière (rue de la), La
        Neuville.
E 3 4 Tourne-Coëffe (rue).
D 2 1 Traversière (rue), Saint-
        Maurice.
F 4 4 Tripes (rue des).
F 5 2 Trois-Cailloux (rue des).
E 4 3 Trois-Paniers (imp. des).
F 3 4 Trois-Sausserons (r. des)
E 4 4 Tuerie (place de la).

U.

D 6 3 Union (rue de l').

V.

H 5 2 Vallée (rue de la), grand
        faubourg de Noyon.

H 6 2 Vascosan (rue), petit
        faubourg de Noyon.
E 3 1 Veillère (rue de la).
E 3 1 Veillère (grande rue
        de la).
F 3 1 Veillère (pet. rue de la).
E 3 1 Veillère (rue du milieu
        de la).
F 3 1 Veillère (rue du bout
        de la).
F 4 3 Vergeaux (rue des).
E 3 4 Véronique (rue).
D 7 3 Verte (rue).
E 5 3 Verts-Aulnois (rue des).
E 4 3 Verts-Moines (rue des).
D 3 4 Vidame (rue du bas).
D 4 4 Vidame (rue du grand).
     1 Vignacourt (route de),
        Saint-Maurice.
F 3 1 Ville (rue de).
H 4 2 Vivier (rue du), grand
        faubourg de Noyon.
D 4 3 Voclin (rue).
H 4 2 Voirie (r. de la), Voirie.
H 4 2 Voirie (ruelle de la),
        Voirie.
G 6 3 Voiture (rue), faubourg
        Saint-Fuscien.

W.

E 5 3 Wattelets (rue des).
E 5 3 Wattelets (r. neuve des).

Industrie. — La ville d'Amiens a toujours tenu un rang distingué parmi les cités industrielles de France. La fabrique de ses étoffes est l'une des plus étendues et des plus actives de l'empire. On y fabriquait, des draps d'or et de soie; on y a imité et on y imite encore avec succès une grande partie des étoffes de laine qui se fabriquent en Angleterre. Celles qui s'y confectionnent le plus communément sont des pannes, des peluches, des camelots poils mi-soie et laine, des velours d'Utrecht, gaufrés et imprimés, des velours imprimés pour meubles, des étoffes de coton, du piqué de coton, des draps, des casimirs, des alépines, des serges de diverses espèces, des tapis, des moquettes, des toiles et tissus de lin, des toiles communes pour emballage, etc., etc.

Commerce. — Amiens commerce en blé, farines, avoines, graines de toute espèce, huiles, savons, etc. La renommée a publié partout la perfection, le goût exquis de ses pâtés de canards. Des envois considérables en sont faits dans toute la France, et jusque dans les contrées les plus lointaines du globe. Amiens est encore le centre d'un commerce d'importation fort étendu, que favorisent le canal de cette ville et sa position entre Paris et la mer. Parmi les marchandises que l'on en peut tirer, il faut citer principalement tout ce que fournit le commerce de Marseille, en productions et étoffes du Levant, en épiceries et en drogueries; Bordeaux, La Rochelle, Nantes, le Hâvre, ont l'habitude d'y expédier beaucoup de leurs denrées, notamment des vins et eaux-de-vie, des bois pour la teinture, des cafés, du sucre raffiné, du sel, du coton, des graines oléagineuses, etc.; enfin toutes les denrées que l'Espagne, le Portugal, l'Angleterre, la Hollande et le

Nord fournissent à la France. Depuis que le canal de la Somme a été rendu navigable, il s'y fait un grand commerce de charbon de terre, provenant de la Belgique et des départements septentrionaux de la France.

Les établissements industriels sont devenus, depuis dix ans surtout, extrêmement nombreux et importants à Amiens. Parmi les principaux, nous citerons la superbe filature de lin Maberly, créée en 1838, située au faubourg de Hem et celle de M. Objois-Pécourt, rue des Poulies, construite en 1854.

DESCRIPTION

D'AMIENS

DANS SON ÉTAT ACTUEL.

Abattoir. — La façade de ce bâtiment, construit en 1833, sur les bords de la Somme, offre deux pavillons, qui seraient beaucoup mieux si le premier étage en était plus élevé. Les aqueducs, le lavoir, les auvents, laissent aussi quelque chose à désirer. Les bouchers se plaignent surtout de ce que les eaux de la Somme ne puissent baigner continuellement ces aqueducs, le plancher du radier se trouvant à une trop grande hauteur de leur niveau. La dépense totale de l'Abattoir, qui avait été très-mal à propos évaluée à la somme de 600,000 fr., n'a pas monté à plus de 300,000 fr. Tous les bouchers et charcutiers de la ville sont tenus d'y faire conduire leurs bestiaux.

Académie des Lettres. — L'origine de l'Académie d'Amiens remonte à l'année 1702 : elle était connue sous le nom de *Cabinet de Lettres*, et jouissait d'une réputation bien méritée. Parmi les membres qui la composaient, on remarquait l'abbé de Saint-Acheul, Pierre de l'Étoile, qui en était le directeur, M. Delfaut, chanoine de la cathédrale, qui remplissait les fonctions de secrétaire, Jean Vaquette du Cardonnoy, magistrat, connu par son goût pour les médailles, dont il possédait une collection fort curieuse, et plusieurs autres savants ou hommes de lettres. La mort des principaux membres de cette société et l'édit du roi, portant défense de se réunir, même pour s'occuper des sciences et des lettres, sans en avoir obtenu l'autorisation, ne tardèrent point à l'anéantir. Mais, en 1746, plusieurs citoyens formèrent une *société littéraire*, qu'ils résolurent plus tard de convertir en une véritable académie. M. le duc de Chaulnes, gouverneur de Picardie, seconda leur noble émulation. A sa recommandation et surtout d'après les vives sollicitations de Gresset, qui jouissait de tout le crédit dû à la noblesse de son caractère et à ses rares talents, Louis XV leur octroya, au mois de juin 1750, des lettres-patentes portant érection d'une *Académie des sciences, belles-lettres et arts à Amiens*. La séance publique d'inauguration eut lieu dans la palais épiscopal, le 1er novembre 1750, sous la présidence de Gresset. Le nombre des académiciens résidants fut fixé à trente, celui des membres honoraires, à seize, non compris l'évêque et l'intendant, et celui des associés-correspondants resta indéterminé. Plus tard, le roi permit qu'il y eût jusqu'à vingt-cinq académiciens honoraires, et ajouta six places d'académiciens ordinaires, pour être remplies par des personnes versées dans l'anatomie, la chimie et les beaux-arts, tels que la peinture et la sculpture.

En 1783, M. de Latour, peintre du roi et l'un des membres honoraires de l'Académie, lui fit don d'une rente sur l'État de 500 livres; le montant de cette rente devait être offert, soit au citoyen qui s'était signalé par le plus beau trait d'humanité, soit à l'auteur de la découverte la plus utile à la santé, à l'agri-

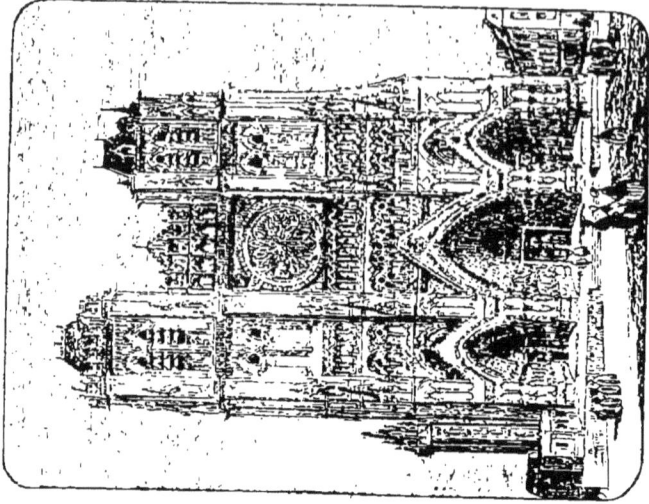

Cathédrale. — Page 40.

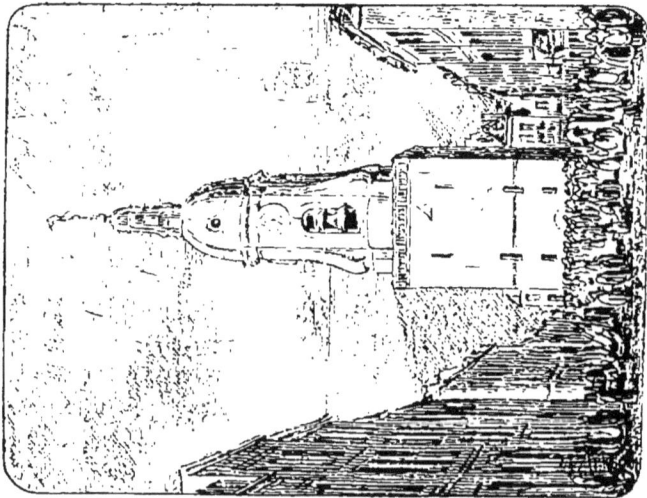

Lith. I. Foliotuu Amiens

Le Beffroi. — Page 99

culture, au commerce ou aux arts. Dès l'année suivante, M. le duc de Charost, lieutenant-général de la province de Picardie, suivit l'exemple de M. de Latour, et fit remettre, chaque année, à partir de cette époque, une somme de 600 livres à l'Académie, pour un prix dont ce seigneur proposait lui-même le sujet, et qui était décerné au mémoire qu'elle jugerait le plus intéressant.

L'Académie tient sa séance publique tous les ans, dans la grande salle de la Mairie, le dernier dimanche d'août. Des médailles sont décernées aux auteurs qui ont le mieux traité les sujets proposés par elle.

Beffroi. — Il est situé sur la place du Marché au Fil, vis-à-vis l'Hôtel de la Mairie. Cet édifice qui fut, à diverses époques, dévoré par les flammes, et dont la forme était autrefois pyramidale, remonte à des temps très-reculés. Il n'a conservé de sa construction première que l'antique socle quadrangulaire qui en forme la base, et qui, au moyen de quatre consoles, supporte un clocher élégamment couronné par un dôme en charpente. Ce dôme est lui-même surmonté d'une lanterne et d'une flèche, au-dessus de laquelle est figurée une Renommée en bronze, emblème qui convient spécialement à un Beffroi. L'ensemble général est d'un effet très-pittoresque. La tour du Beffroi renferme trois étages voûtés : elle a été construite en 1748, telle que nous la voyons aujourd'hui. On s'en servait autrefois comme d'une prison civile. La porte d'entrée en est étroite et obscure; en l'envisageant, on ne peut se défendre d'une certaine impression pénible qui resserre l'âme. Le guetteur se tient constamment au haut de l'édifice, à l'effet de veiller au feu. Dès qu'il en aperçoit le moindre indice, il donne aussitôt l'éveil en sonnant le tocsin sur la cloche, qui sert aussi, par un contraste singulier, à annoncer les fêtes et cérémonies publiques. Cette cloche énorme, fondue en 1748 par un Cavillier, pèse onze mille kilog., et son battant trois cent quinze kilog.; elle a deux mètres quarante-trois centimètres de diamètre par le bas, et un mètre quatre-vingt-trois centimètres de hauteur. Le son de cette cloche est majestueux et grave; il convient bien à l'annonce des grandes solennités. Le mécanisme ingénieux de l'horloge, placée au-dessus des abat-vent du clocher, mérite une attention toute particulière. Mauvoisin l'exécuta, en 1754, sous la surveillance de Goret, sur les dessins du célèbre Julien Leroi, dont l'imagination sublime créa plusieurs chefs-d'œuvre. Elle a coûté 4,500 fr. Cette horloge fut restaurée en 1844 par Wagner, neveu, de Paris.

Bibliothèque. — Située dans la rue des Rabuissons, entre la rue de la Bibliothèque et le n° 50 A, cet édifice, d'une ordonnance remarquable, fut élevé en 1823, sur l'emplacement de l'ancien couvent des Dames de Moreaucourt, d'après les dessins de M. Cheussey, architecte de la ville. — Ce monument qui coûta environ 150,000 francs, et peut contenir 50,000 volumes, a été dessiné dans le choix d'édifices publics construits en France depuis le commencement du XIXᵉ siècle.

Un parterre avec deux terrasses parallèles, et une grille terminée par deux pavillons, la séparent de la rue. Au centre du parterre s'élève un groupe en pierre d'une heureuse exécution et d'un style gracieux, représentant Angélique et Médor gravant leurs noms sur l'écorce d'un hêtre; ce groupe, dû au ciseau de Sébastien Adam, embellissait autrefois les jardins du célèbre château d'Heilly.

Le portique présente une belle colonnade d'ordre dorique, sur l'entablement de laquelle on lit: *Biblio-*

thèque communale. A droite et à gauche sont deux ailes :
l'une sert de logement au conservateur; dans l'autre est
établie, au rez-de-chaussée, la salle de lecture du soir
pour l'hiver. Entre les intervalles des colonnes du portique sont pratiquées, dans la façade, des niches destinées
à recevoir les bustes des hommes célèbres auxquels la
ville d'Amiens est redevable de son illustration.

Une porte d'un bon style, enrichie de palmettes et
de couronnes de laurier, ouvre dans l'intérieur qui est
décoré avec goût. Les colonnes ioniques accouplées qui
supportent des arcs formant pignons, et la statue en
marbre de Gresset assis, offerte à la ville par l'Académie d'Amiens, en 1851, et exécutée par M. G. Forceville, produisent un bel effet. Une galerie saillante,
ornée d'une balustrade, règne autour de la salle et en
divise l'élévation d'une manière agréable. La Bibliothèque est éclairée par un jour ménagé à propos au
moyen d'ouvertures pratiquées dans la partie supérieure. Dans le bas, des portes grillées ferment à une
hauteur de trois mètres les étagères sur lesquelles sont
placés les ouvrages.

Outre la statue de Gresset dont nous venons de parler,
on y remarque le buste en marbre de cet écrivain, par
Berruer, son portrait peint par Nattier, en 1741, trois
bustes en plâtre, de Voiture, de Nicolas Sanson, géo-
graphe d'Abbeville et de M. Rigollot; un buste en
marbre de Delambre, œuvre et don de M. Gédéon
Forceville; un buste colossal de Blasset, dû au ciseau
du même artiste, et offert par lui à la Société des
Antiquaires de Picardie. Deux vitrines et une armoire
appartenant à cette société, contiennent une collection
d'antiques d'un très-haut intérêt.

La Bibliothèque contient 600 manuscrits dont le catalogue a été publié en 1843, par M. J. Garnier, aujour-

d'hui conservateur. Nous citerons parmi les plus remarquables un Psautier du IXe siècle, n° 18. — Les figures de la Bible, n° 108, recueil de plus de 2,000 sujets tirés de l'ancien et du nouveau Testament, exécuté en 1197, pour Sanche VII, roi de Navarre; plusieurs bibles et de beaux missels du XIIe et du XIIIe siècle, aussi curieux pour la calligraphie que pour les dessins qui les décorent; un Commentaire inédit sur les épîtres de saint Paul, n° 88, attribué à Saint-Hilaire de Poitiers, par Dom Pitra qui l'a publié dans le premier volume de son *Spicilegium Solesmense;* un Ordinaire d'Amiens du XIIIe siècle; les Décrets de Gratien, n°s 353, 355; les Commentaires de Bobic, où l'on trouve la mention détaillée des prix qu'ils coûtèrent à l'official de Corbie, Étienne de Conty qui les fit écrire, en 1374; le livre des Propriétés des choses de Glanville, écrit en 1447 par Sanderat d'Ancre (Albert); un Commentaire inédit de Roger Bacon sur la Physique d'Aristote; la traduction de l'Histoire des Croisades de Guillaume de **Tyr**, par Hugues Plagon, ornée de nombreuses et riches miniatures; le premier livre de la chronique de Froissart, qu'ont fait connaître plusieurs extraits publiés par MM. Rigollot et de Cayrol; la célèbre bulle sur papyrus de Benoist III, en faveur de l'abbaye de Corbie; un dénombrement fourni en 1301, à la chambre des comptes par l'évêque d'Amiens, Guillaume de Mâcon. Ces manuscrits ont été presque tous reliés, avec une générosité sans exemple et un soin qu'on ne saurait trop louer, par M. Leprince aîné.

Comme la plupart des bibliothèques publiques, celle d'Amiens fut formée des livres enlevés aux maisons religieuses et aux émigrés; mais en 1816, la plupart des livres réclamés par ces derniers leur furent rendus. — En l'an II, une commission des arts établie près le district, réunit les livres et les plaça provisoirement dans l'abbaye de Saint-Jean, aujourd'hui le Lycée. Bientôt ils furent affectés à l'école centrale, et M. Baron fut nommé bibliothécaire. Après la fondation du Lycée, en 1806, ils furent transportés dans une galerie du Palais-de-Justice où ils restèrent jusqu'en 1810, puis empilés de nouveau dans une salle des Moreaucourt. Enfin, le bâtiment construit en 1824, fut définitivement ouvert au public le 4 novembre 1826, et M. Delabaye nommé conservateur. De cette époque date donc l'existence de la Bibliothèque publique d'Amiens.

Les imprimés forment plus de 50,000 volumes d'ouvrages sur les différentes branches des connaissances humaines. Les bibliophiles y trouveront un grand nombre de livres imprimés au XVe siècle ; le plus ancien est le *Rationale divinorum officiorum* de Durand, imprimé à Mayence par Jean Fust, en 1459 ; cet exemplaire fort rare est sur vélin, avec les initiales manuscrites et enluminées. Mentionnons aussi un beau Missel d'Amiens sur vélin, imprimé à Rouen en 1509.

La Bibliothèque possède les grandes collections des classiques latins de Lemaire, de Panckouke, des mémoires de Petitot, Guizot, Michaud et Poujoulat, Cimber et Danjou ; les mémoires des diverses classes de l'Institut, le grand ouvrage d'Egypte, etc., etc. — Une commission administrative règle l'emploi des fonds et choisit les ouvrages que l'on acquiert chaque année.

En 1842, un legs de plus de 5,000 volumes enrichit la bibliothèque. M. Cozette, qui légua en même temps 260,000 francs à la ville pour la fondation d'une maison de secours, a son buste dans la petite salle où est rangée sa bibliothèque, au fond de la construction malheureuse établie contre la grande salle.

En 1851, la Bibliothèque reçut un nouveau legs d'une haute importance, la bibliothèque médicale de M. le docteur Baudelocque, dont on voit le portrait, composée de près de 5000 volumes; cette collection spéciale fut encore, en 1853, augmentée de 600 volumes légués par M. le docteur Le Merchier, ancien maire et par M. Barbier, directeur de l'École de Médecine.

Des volumes du catalogue, des imprimés ont paru en 1854, le premier comprend la partie médicale, le second les belles-lettres, les autres doivent suivre et l'impression s'en continue aussi vite que le permet un travail de cette nature.

La Bibliothèque est ouverte, *tous les jours*, le dimanche excepté, de onze à quatre heures; et tous les soirs, de six à dix heures, *depuis le mois d'octobre jusqu'au mois de mai*. — Les vacances durent tout le mois de septembre.

Bicêtre. — Maison de correction pour le département de la Somme, située faubourg de la Hotoie, rue du Bicêtre. On y renferme seulement les condamnés à moins d'un an de détention. Elle a été construite vers l'an 1780, et devait alors servir de dépôt de mendicité pour une partie de la généralité d'Amiens.

L'emplacement est spacieux, bien aéré, distribué d'une manière convenable, et offrant toutes les sûretés qu'un établissement de cette nature exige de la part de l'administration. Les constructions sont vastes; elles sont toutes en briques et se composent de quatre ailes, aux angles desquelles s'élèvent de gros pavillons plus exhaussés que le reste du bâtiment. L'espace compris entre ces ailes est divisé en huit cours, qui séparent les différents quartiers occupés par les détenus, et qui aboutissent les unes aux autres, afin de rendre la surveillance plus facile.

Les prisonniers trouvent, dans l'occupation qu'on leur procure, non-seulement un remède assuré contre l'ennui, mais encore des ressources pour soulager leur captivité et les mettre, au moment de leur sortie, en état de pourvoir à leurs besoins les plus pressants. Ils reçoivent un tiers du produit de leur travail, un autre tiers est mis en réserve pour leur être donné lorsqu'ils ont subi leur peine, et le troisième tiers appartient à la maison. Le plus grand ordre règne dans cet établissement; les hommes et les femmes sont continuellement séparés.

Boucherie, rue des Tripes. Cet édifice sert maintenant à la tenue de l'école mutuelle, pour les jeunes garçons de la ville.

Boulevards. — Depuis la perte de ses remparts, la ville d'Amiens s'est enrichie de promenades nouvelles, qui ont reçu la dénomination de *Boulevards*. Au lieu de bastions noircis par le temps, de pierres inutiles, de tours démantelées, s'étendent à perte de vue de magnifiques allées tirées au cordeau, et de proportions grandioses. Maintenant que les beaux quartiers d'Henriville et de Saint-Louis s'agrandissent et gagnent chaque jour sur la campagne, les Boulevards ne déterminent plus comme autrefois l'enceinte totale de la ville; néanmoins, ils l'embrassent dans une grande partie de son contour. On les divise en Boulevards intérieurs et extérieurs.

On compte douze Boulevards intérieurs, savoir :

1°. *Boulevard du Port*, de la rivière de Somme, au port d'Aval, jusqu'à la porte de la Hotoie.

2°. *Boulevard Saint-Jacques*, de la porte de la Hotoie jusqu'à la Fontaine des Frères;

3°. *Boulevard Fontaine*, du bastion de Guyencourt à la porte de Beauvais;

4°. *Boulevard Saint-Charles*, de la porte de Beauvais jusqu'au coin de l'esplanade en face de la rue des Rabuissons;

5°. *Boulevard du Mail*, de cette esplanade à l'ancienne porte de Paris;

6°. *Boulevard Saint-Michel*, de l'ancienne porte de Paris à la porte de Noyon;

7°. *Boulevard de l'Est*, de la porte de Noyon à la porte de la Voirie;

8°. *Boulevard du Cange*, du pont du Cange au pont de Baraban;

9°. *Boulevard Baraban*, du pont de Baraban au pont des Célestins;

10°. *Boulevard des Célestins*, du pont des Célestins à la citadelle;

11°. *Boulevard Saint-Sulpice*, de la citadelle au pont du Maulcreux;

12°. Enfin, le *Boulevard du Jardin des Plantes*, du pont du Maulcreux à la porte de Saint-Maurice.

Les Boulevards extérieurs sont au nombre de quatre, savoir:

1°. *Boulevard Longueville*, de la porte de Paris à l'esplanade Longueville;

2°. *Boulevard de Beauvais*, de l'esplanade Longueville à la porte de Beauvais;

3°. *Boulevard Guyencourt*, de la porte de Beauvais à la Fontaine des Frères;

4°. *Boulevard des Frères*, de la Fontaine des Frères au Marché aux Bestiaux.

Bourse, située sur la place de la Mairie, entre l'Hôtel-de-Ville et l'ancienne prison municipale (la Conciergerie): on appelle ainsi, quoiqu'il n'y ait plus de Bourse à Amiens, les bâtiments de l'ancien bailliage. C'est là que sont placés le Musée et l'école communale de Dessin. Chaque année, dans la salle principale, par les soins de la Société des Amis des Arts, une exposition de tableaux a lieu, et un certain nombre d'entr'eux, choisis par un comité, est réparti par la voie du sort aux actionnaires de cette société. Cette exposition avait été suspendue pendant plusieurs années, et depuis quelque temps on a repris cette louable habitude.

Bureaux de l'Octroi Municipal. — Le droit d'octroi a été établi à Amiens, sur les objets de consommation intérieure, en vertu d'une loi du 4 brumaire an VIII. La perception, qui se fait à chaque porte d'entrée de la ville et sur les ports, s'exerce sur les liquides, comestibles, combustibles, fourrages et matériaux. Le montant de cette perception forme le principal revenu de la ville : il fournit à l'administration municipale le moyen de pourvoir à ses dépenses, à l'entretien et à l'embellissement des édifices, des établissements publics et des promenades. Quand un impôt est utilisé de cette manière, il en devient moins pesant aux contribuables.

Les déclarations et les recettes des droits se font :
1° aux bureaux des portes de Beauvais, — 2° de la Hotoie, — 3° de Saint-Maurice, — 4° de Saint-Pierre, — 5° de la Voirie, — 6° de Noyon, — 7° de la gare du chemin de fer, — 8° de l'abattoir, — 9° et enfin au bureau central pour les droits chez les brasseurs et entrepositaires.

Il y en outre six bureaux secondaires où l'on ne fait que des perceptions inférieures à 50 centimes :
1° sur le port, — 2° à la porte de Paris, — 3° rue

Saint-Louis, — 4° au Four-des-Champs, — 5° au Maulcreux, — et 6° au coin de la rue Dejean.

Canal. — Le Canal de la Somme, qui joint la
Somme à l'Escaut et à l'Oise, et ces deux rivières à
la Manche par le Canal de Saint-Valery, longe, au nord,
l'enceinte de la ville, en décrivant un demi-cercle.

Ce Canal a son origine à Saint-Simon, dans la partie
méridionale du Canal de Saint-Quentin, et s'étend jusqu'à la mer à Saint-Valery-sur-Somme. Il suit la vallée
de Somme en passant par Ham, Péronne, Amiens et
Abbeville, et, au moyen du Canal de Saint-Quentin, il
met toute cette vallée en communication avec l'Oise au
midi et l'Escaut au nord. Le Canal ouvert dans la vallée
de Somme fut commencé en 1770, entre Saint-Simon et
Ham, et achevé sur toute la ligne en 1828. La pente
totale de ce Canal est de 63 mètres 54 centimètres : elle
est rachetée par vingt-trois écluses, qui ont ensemble
une chute de 57 mètres 1 centimètre, et par la pente
de l'eau dans la partie en rivière, qui est de 8 mètres
53 centimètres.

Les écluses sont construites en pierres dures et en
grès. On remarque avec raison celle d'Amiens ; c'est la
plus forte de tout le Canal : elle a 3 mètres 70 centimètres de hauteur de chute.

L'ouverture de la navigation eut lieu solennellement
le 31 août 1825.

Le Canal de Saint-Valery à Abbeville et le grand sas
qui le termine étant achevés, les bateaux de 150 à
200 tonneaux peuvent à pleine charge communiquer de
Saint-Valery avec les canaux de l'intérieur, et les ouvrages de la traversée d'Abbeville permettent aux
navires de mer d'y arriver en passant par le Canal.

On voit que ce Canal nous offre d'importantes ressources. Beaucoup de négociants demandaient, et sans doute il eût mieux valu qu'on le fît traverser Amiens en ligne droite, et que l'on établît, sur ses bords, des quais et des trottoirs. Par ce moyen, on eût donné à la ville une vie nouvelle, on eût contribué à son embellissement et à la prospérité de son commerce. Ce projet était d'autant plus facile à exécuter, que le lit du canal était tout naturellement tracé du pont du Don au pont de Croix; d'ailleurs les dépenses occasionnées par l'exécution auraient été plus que compensées par les avantages précieux que l'on avait droit d'en attendre. Mais pour cela il fallait sacrifier à l'intérêt général des intérêts particuliers, et on ne l'a pas fait.

Casernes. — CASERNE D'INFANTERIE, rue Porte-Paris, n°. 24, et rue des Jacobins, n°. 41, établie dans les bâtiments de l'ancien collége : elle consiste en un principal corps de logis fort ancien, qui sépare deux cours de peu d'étendue, bordées par des ailes de construction plus moderne.

CASERNE DES CAPETS, rue Porte-Paris, n°. 15. Placée dans l'ancien établissement des *Capets* ou écoliers indigents, cette caserne est une dépendance de la précédente. Elle servit de prison pendant la Terreur.

CASERNE DU NORD, près la porte Saint-Pierre. C'est l'ancienne caserne de la Maréchaussée ; une partie servait autrefois de magasin à poudre ; elle est maintenant occupée par le service des lits militaires.

CASERNE DE CÉRISY, rue Saint-Jacques, entre les n°. 70 et 74, pour cavalerie. Cet important édifice fut construit en 1767, sur l'emplacement de l'ancien hôtel Cérisy, dont il a conservé le nom. Les bâtiments intérieurs forment un carré long, divisé en six corps d'écuries qui s'ouvrent sur trois cours successives : un large pa-

villon construit en pierre de taille compose la façade
principale, qui ne manque pas de noblesse. Au-dessus
de la porte d'entrée, ressortent deux beaux trophées
d'armes sculptés en relief; sur les côtés, deux cours
renferment, l'une, les forges des maréchaux et les in-
firmeries pour les chevaux; l'autre, les écuries particulières pour les montures des officiers; au-delà des
écuries se développe un vaste terrain qui aboutit à la
rue des Corroyers, et dans l'enceinte duquel le ré-
giment peut se déployer.

Cathédrale. — Cette imposante basilique nous
apparaît aujourd'hui comme une révélation splendide
des mœurs, des croyances de cette époque féconde où
le sol de la France et des autres contrées de l'Europe
semblait s'ouvrir pour enfanter des miracles d'architecture gothique, et porter jusqu'au ciel les magnifiques
témoignages de l'ardente foi dont tous les cœurs
étaient embrasés. La ville d'Amiens a compris l'importance de ce legs que lui a fait le moyen-âge, et les
restaurations intelligentes qui s'accomplissent au moment où nous écrivons sont pour elle une nouvelle et
solide garantie de durée et d'indestructible avenir.

La cathédrale est construite en partie sur une colline
dont le penchant aboutit à la rivière d'Avre: aussi dit-
on communément que plus des deux tiers de cet édifice
sont bâtis sur pilotis. En 1850, on fit des fouilles au
nord, pour l'établissement du cloître qui conduit de la
nouvelle salle des conférences de l'évêché à la cathédrale, mais quoique poussées à six mètres de profon-
deur, ces fouilles n'ont laissé apercevoir rien de
semblable.

Ce fut sous le règne de Philippe-Auguste, à l'époque
où la foi des chrétiens, revivifiée par les précédentes

croisades, avait acquis un nouveau degré d'enthousiasme et de ferveur, qu'Édouard de Fouilloy, 45ᵉ évêque d'Amiens, secondé par le monarque, la commune et les corporations d'arts et métiers, posa la première pierre de la cathédrale en 1220. Les murs sortaient à peine de terre lorsqu'il mourut : Gaudefroy d'Eu, son successeur, les éleva du pavé jusqu'aux voûtes ; l'évêque Arnoult fit construire les voûtes, les galeries du dehors et un clocher tout à jour détruit par le feu du ciel, le 15 juillet 1527. En 1258, un violent incendie avait causé de grands dégâts à la cathédrale d'Amiens ; les libéralités du roi Louis IX, de Blanche de Castille, de Philippe-le-Hardi, de plusieurs doyennés du diocèse et de nobles familles des environs permirent de réparer le dommage : mais il y eut plusieurs années d'interruption dans les travaux, on les continua en 1285, et enfin en 1288 ce bel édifice fut terminé. Une ancienne inscription, gravée sur une lame de cuivre, autour de la pierre centrale du labyrinthe qui existait autrefois au milieu de la nef, constate cette date mémorable. En 1629, on fit aux arcs-boutants des transepts divers changements qui ne furent pas heureux ; vers 1707 on restaura le couronnement en pierre des tours et l'on fit, en 1777 et 78, quantité de réparations aux voûtes et aux cordons en ogives qui les divisent. L'année suivante, on renouvela la couverture. En ce moment, on vient de refaire à la tour du nord la plus grande partie de la frise, toutes les chimères, la corniche et la galerie qui la surmonte, la tourelle de l'escalier et l'emmarchement de la partie supérieure. La tour du sud elle-même a été réparée avec soin : on a rétabli les balustrades, pinacles et pignons. Nous ne doutons pas que M. Viollet-Leduc, l'architecte dirigeant, qui a déjà donné tant de preuves de talent dans

ces diverses restaurations, et si bien secondé par
M. l'entrepreneur Vast, dont le dévouement égale la
modestie, ne continue de conserver à cet admirable
monument son style et son caractère primitifs.

La façade principale de cette grande et superbe basilique présente une masse légère, flanquée de deux tours
quadrangulaires et décorée des ornements les plus re-
cherchés du style ogival. Cette façade se divise, dans
le bas, en trois porches de forme ogive, dont les arcs
d'ouverture sont enrichis d'un cordon de roses et d'une
dentelle délicatement travaillée. Ces porches sont pra-
tiqués sous de profondes voussures surmontées de pignons triangulaires d'un très-bel effet. La porte du
milieu, la plus grande des trois, est appelée Porte du
Sauveur; on remarque sur son tympan le tableau du
jugement dernier, sculpté en relief, la résurrection des
morts, et au-dessus le Père Éternel, environné d'anges
qui semblent l'implorer en faveur du genre humain. Le
pilastre qui sépare les deux battants de la porte supporte la statue du Dieu-Sauveur : il foule aux pieds un
lion et un dragon à queue de serpent. Sur le retour de
ce pilastre, on voit deux animaux, l'aspic et le basilic
de l'Écriture. Contre les faces latérales de ce vaste
porche, sont placés douze médaillons rangés sur deux
lignes parallèles; au-dessus d'eux, sous des dais go-
thiques, se tiennent debout les douze Apôtres avec les
attributs qui leur sont propres. Les contours des arceaux
de la voussure sont remplis de statuettes représentant
les Trônes et les Dominations du ciel. Le portique à
droite est nommé porte de la Mère de Dieu; sa statue
orne le milieu du trumeau; elle écrase sous ses pieds
un monstre à tête humaine; plus bas, on voit la création
d'Adam et d'Ève, leur chute et leur expulsion du Paradis terrestre. Le relief du fond représente la mort, la

résurrection et l'assomption glorieuse de la Mère de
Dieu. Enfin, la porte à gauche se nomme Porte de
Saint-Firmin ; elle est décorée de la statue de ce saint,
dont le bâton pastoral s'appuie sur le corps d'un homme
étendu à ses pieds, symbole de la victoire remportée sur
le paganisme par l'Apôtre de la Picardie. Les deux côtés
du porche sont ornés de cartouches représentant les
douze signes du Zodiaque, les quatre saisons et les
douze mois de l'année. Au-dessus des ogives sous lesquels se dessinent les trois porches du temple, et dans
les entrecolonnements de l'une des galeries qui en décorent la façade, sont rangées sur deux lignes parallèles
lourdes, massives et imposantes, vingt-deux statues
colossales représentant des rois. Au-dessus de cette
seconde galerie, se développe le vaste contour d'une
rose flamboyante, appelée *Rose de mer*. Une galerie
à hauteur d'appui forme le couronnement de la façade.
Les tours et les petites galeries qui leur servent de
trait-d'union ne furent achevées qu'un siècle après la
construction de la basilique, et terminées en 1401. Celle
de gauche a 70 mètres de haut, celle de droite 63. —
La façade méridionale, maintenant tout-à-fait découverte, est d'un fort bel aspect ; elle est percée de trois
portes : la première, qui, placée sous la tour dite de
l'Horloge, s'appelle Porte Saint-Christophe. A côté
d'elle s'élève la statue gigantesque de ce saint. La
deuxième, nommée Portail Saint-Honoré ou de la Vierge
dorée, dont la statue orne le pilastre du milieu, est
riche en élégants détails : les bas-reliefs de la voussure
rappellent divers traits de la vie de saint Honoré: une
très-belle rose remplit la partie supérieure que sur-
montent de petites pyramides. La troisième porte,
vers le chœur, est appelée Porte du Puits de l'Œuvre.
Le côté septentrional n'offre rien de remarquable. La

partie supérieure du portail de l'Évêché contient une rose dont l'effet est magique à l'intérieur ; mais qui, masquée au dehors par des jambes de force, n'est point d'un coup-d'œil agréable.

Un clocher en forme de flèche s'élève sur la croisée des toits : quatre poutres de 16 mètres de longueur chacune posées sur les quatre maîtres piliers de l'église, soutiennent cette flèche légère ; le bas est de forme octogone, elle a 58 mètres de hauteur avec le coq et 24 de circonférence ; elle est tout en bois de chêne et de châtaignier, revêtu de plomb.

Le 23 avril 1806, Bruno Vasseur monte au coq de la Cathédrale, le descend, y fait graver le nom de Napoléon, empereur, et le remonte ensuite aux applaudissements d'un grand nombre de spectateurs.

Le 19 mai 1834, un artiste a conçu et exécuté la singulière idée de jouer un solo de violon étant adossé contre ce coq, à 136 mètres du sol.

N'oublions pas de parler des galeries extérieures qui, sveltes et gracieuses, encadrent l'édifice, et de la multitude de pyramides et clochetons élevés sur les piliers-boutants du refend des chapelles et qui produisent le plus bel effet. Six escaliers tournants conduisent au haut de la cathédrale, d'où l'on jouit de la vue la plus étendue et la plus pittoresque.

INTÉRIEUR.

Pénétrons maintenant dans le temple, et contemplons avec admiration ce splendide spécimen de l'art gothique au moyen-âge ; quel aspect imposant, quelle hardiesse, quelle magnificence ! C'est un poème de pierre, dont chaque page est une chapelle ou un monument, chaque vers une colonne élancée vers le ciel. Quelle grandeur et

quelle simplicité! L'âme se sent à l'aise et la pensée religieuse se développe et s'agrandit au sein de cette vaste
étendue. Sous les arceaux de ces voûtes aériennes, d'où
s'échappent, à travers les larges fenêtres suspendues à
d'incroyables hauteurs, les flots d'une transparente et
limpide clarté, le spectateur placé au pied de la nef
embrasse d'un seul coup-d'œil toute l'immensité de
l'édifice : il demeure confondu en présence de cette
merveilleuse perspective, de cet ensemble grandiose où
domine cette éternelle et suprême loi de l'architecture,
l'*unité*. Il existe à coup sûr, dans la chrétienté, des édifices consacrés au culte, plus vastes, plus riches ou plus
variés dans l'ornementation. Les édifices byzantins se
distinguent par une multiplicité de couleurs éclatantes,
d'éblouissantes peintures, de marbres splendides, d'au-
tels d'un travail précieux; ceux d'Italie fascinent le
regard par la somptuosité de leurs décors, par l'éclat de
l'or et des diamants répandus à profusion comme une
scintillante auréole sur la tête et les vêtements de leurs
madones; l'Angleterre oppose orgueilleusement à Saint-
Pierre de Rome sa basilique de Saint-Paul, aux proportions gigantesques, capable d'engloutir dans ses flancs
la moitié de la population d'une grande capitale :
mais ce qui constitue le mérite principal de la cathédrale d'Amiens, outre l'unité dont nous avons déjà
parlé, c'est la sobriété dans les ornements, c'est la
noble simplicité, c'est ce caractère auguste et sévère,
religieux et imposant, qui ressort de son ensemble et
pénètre de respect et d'admiration. En dehors, les
teintes un peu grises et sombres de l'édifice s'harmo-
nisent parfaitement avec la teinte souvent indécise et
plombée de la coupole céleste qui s'arrondit sur elle,
avec ce climat de la Gaule septentrionale trop souvent
hostile et glacé; on sent, en contemplant cette masse

3.

colossale, mille fois enveloppée d'orages et de frimas,
que l'on est loin des rivages embaumés, des bois odo-
rants, ceinture des mers méditerranéennes, où tout
dans la nature est joie, lumière, sérénité; on comprend
que des pensées fortes et sereines, élans d'inspiration
vers l'infini, doivent seules germer aux pieds des colonnes de cette vénérable basilique du Nord (1).

Le plan est d'une admirable simplicité. c'est une
croix latine avec nef, chœur, double rang de bas-côtés
bordés de chapelles, et séparés par 126 piliers supportant
les ogives des voûtes; cette église a 133 mèt. 10 cent.
de longueur dans œuvre, la nef a 14 mèt. 70 cent. de largeur, et 42 mèt. 95 cent. de hauteur. Autour de cette nef
et du chœur règne une galerie intérieure ornée de petites
colonnettes en faisceaux délicatement travaillées et toutes
d'une seule pierre. L'église reçoit le jour extérieur par
41 vitraux; il faut y ajouter ceux des bas-côtés, ceux
de la galerie qui borde le sanctuaire, et les trois
grandes roses dont l'une décore la façade principale,
et les deux autres les deux façades latérales. Ces trois
roses ont chacune près de 34 mètres de circonférence,
et représentent les quatre éléments: celle du grand
portail représente la terre et l'air: elle est divisée en
seize compartiments; celle de gauche, la plus brillante
des trois, représente l'eau: elle a trente-deux feuilles;
une belle étoile d'architecture en occupe le milieu; celle
de droite a vingt-quatre feuilles: la couleur rouge y
domine, elle représente le feu. Lorsqu'un brillant soleil
vient frapper sur les vitraux de ces roses, et leur prête,

_____

(1) On rapporte que Napoléon, alors premier Consul, entrant
dans notre basilique, proféra ces paroles remarquables qui peignent
bien son époque : « *Un athée serait mal à son aise ici!* »

pour ainsi dire, une vie nouvelle en faisant étinceler et
resplendir leurs vives couleurs, c'est un merveilleux
spectacle que de voir, répercutés sur les pavés de
marbre, leurs effets changeants où s'unissent et cha-
toient toutes les nuances de l'arc-en-ciel. Vingt-deux
chapelles, celles de la croisée non comprises, qui furent
ajoutées peu de temps après la construction de la cathédrale, l'entourent et lui servent comme de ceinture
et de rempart. Elles sont ornées, pour la plupart, de
tableaux et de belles statues de marbre. Nous allons
donner, à partir de la nef, une rapide description des
principales beautés de l'édifice.

A l'entrée de la nef, se déploie le buffet d'orgues,
placé au-dessus du grand portail, avec ses boiseries
peintes bleu et or, et sa masse de tuyaux disposés d'une
manière à la fois symétrique et pittoresque. C'est de là
que s'échappent, grondant comme le tonnerre ou voilés et
adoucis comme un concert céleste, ces bruits harmonieux
qui semblent éclore au sein des airs, et répandent leurs
ondes sonores dans la vaste étendue du lieu saint ; c'est
de là que s'élèvent ces belles voix graves et vibrantes
qui célèbrent en pathétiques accents les louanges de
l'Éternel. La pose de la tribune est des plus hardies ;
elle fut peinte en bleu et dorée en 1836, par le sieur
Martin-Delabarthe, d'Amiens. Les hommes sages re-
présentèrent vainement alors que mieux valait laisser
au chêne, dont elle est formée, sa couleur naturelle. La
boiserie de la montre qui a conservé sa forme primitive,
à quelques ornements près qu'on a eu le mauvais goût
d'y ajouter à la même époque, est enrichie d'arabesques
un peu tourmentés qui datent du règne de Henri II.
Ces orgues furent commencées en 1425, non pas avec
les dons d'Alphonse Lemire, receveur des aides, à
Amiens, mais seulement par ses soins, ainsi que le

prouve le passage suivant d'un ancien *registre aux comptes* de cette ville : *A Alphonse Lemire Comiz à*

édifier de nouvel unes grandes et belles orgues en legle nre dame d'Amiens pour l'onneur de Dieu et de le benoite

Vierge Marie sa mère et de tous les benois Sains de paradis et servir aux messes à célébrer en ledit Eglise, paie par ordonnance de noble et puissant seigneur maistre Robert le Jone , bailli d'Amiens le some de 142 *couronnes d'or à emploier aud. ouvrage.* En 1434 , Pierre de Boves et Firmine Estocard , sa femme , donnèrent au chapitre de la Cathédrale un fief qui rapportait *XI septiers* de grains sur le moulin d'*Arondel*, pour l'entretien des orgues nouvellement faites en l'église d'Amiens , et assises dessus l'entrée principale de la nef.

Le cadran qui se trouve au-dessus a 32 mètres de circonférence et 10m 40c de diamètre. La longueur de l'aiguille est de 10m 08c ; il a été fait en 1675 par Arnoult de la Morgue , horloger de Bordeaux. De chaque côté du grand portail et sous les orgues , sont les statues couchées sur leurs tombeaux , et en cuivre comme eux , des deux évêques fondateurs de la cathédrale. La tombe à droite est celle d'Évrard de Fouilloy ; six lions la supportent : ce prélat , revêtu de ses habits pontificaux , donne sa bénédiction ; ses pieds reposent sur deux dragons. Le tombeau à gauche est celui de Gaudefroy d'Eu : on l'a représenté dans la même attitude et avec les mêmes habits qu'Évrard ;

deux dragons ailés sont à ses pieds. En avançant dans
la nef, dont le pavé nouveau fait regretter les dessins

variés de l'ancien, on rencontre la chaire adossée
contre l'avant-pilier de gauche: cette chaire est une

des plus belles de France ; les trois statues qui la supportent, la Foi, l'Espérance et la Charité, ne sont pas sans mérite. L'ange qui la couronne et qui tient un livre ouvert, est plein de noblesse et de majesté. Ce beau morceau a été exécuté sur les dessins de l'architecte Christophe, par un habile sculpteur d'Amiens, M. Dupuis, alors plus qu'octogénaire.

BAS-CÔTÉ DROIT. — *Monuments remarquables.* — Les mausolées de Pierre Burry et du chanoine Niquet. — On y compte cinq chapelles. La première, appelée chapelle de Saint-Christophe ; on y voit une statue de ce saint. par Dupuis. On remarque la pose de l'Enfant-Jésus, sur l'épaule de ce Saint, contraire à l'ancienne habitude de le mettre à califourchon, cette posture grotesque des temps anciens. La deuxième, chapelle de l'Annonciation : un bas-relief en marbre, par Blasset, en décore l'autel. La troisième, chapelle de l'Incarnation : l'autel est surmonté d'une statue de la Vierge, en marbre blanc, dû au même statuaire. La quatrième, chapelle de Saint-Étienne : on y voit un tableau de l'Assomption de la Vierge. La statue de saint Étienne à droite, celle de saint Augustin à gauche de l'autel, exécutées en pierre par Blasset. La cinquième, chapelle de Sainte-Marguerite, dont on voit sur l'autel une statue exécutée par Vimeu. Son aspect est fort sombre, quoique pour lui donner plus de jour on ait ôté, en 1704, une belle vitre peinte sur laquelle était représenté en pied, et en habits pontificaux, Guillaume de Mâcon, évêque d'Amiens. On regrette que les marbres de diverses couleurs qui décorent cette chapelle en aient fait disparaître le magnifique tombeau en cuivre émaillé de ce prélat. Guillaume de Mâcon eut de grands démêlés avec son chapitre. Pour réparation du scandale causé par l'excommunication que cet évêque lança contre les cha-

noines, et la cessation du service divin dans la Cathédrale, imputée à ces derniers, le pape Boniface VIII les
condamna, en 1301, à faire exécuter deux statues d'ar-
gent doré, savoir : l'évêque, une du *Pape*, et le chapitre,

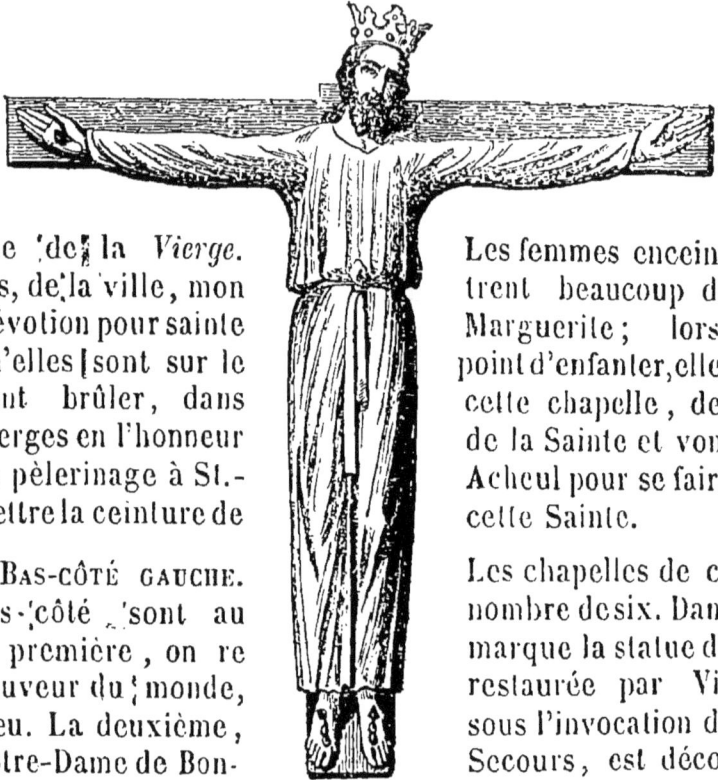

une de la *Vierge*.
tes, de la ville, mon
dévotion pour sainte
qu'elles sont sur le
font brûler, dans
cierges en l'honneur
en pèlerinage à St.-
mettre la ceinture de

Les femmes encein-
trent beaucoup de
Marguerite ; lors-
point d'enfanter, elles
cette chapelle, des
de la Sainte et vont
Acheul pour se faire
cette Sainte.

BAS-CÔTÉ GAUCHE.
bas-côté sont au
la première, on re
Sauveur du monde,
meu. La deuxième,
Notre-Dame de Bon-

Les chapelles de ce
nombre de six. Dans
marque la statue du
restaurée par Vi-
sous l'invocation de
Secours, est déco-

rée d'une magnifique Vierge en marbre, par Blasset. On
admire la richesse de la troisième, dédiée à saint Salve.
On y remarque un Crucifix byzantin très-curieux. Les
Christs en croix habillés sont dits *à la Grecque* et se
rencontrent en Provence et surtout à Marseille. Le Crucifix d'Amiens ressemble à celui de Lucques, connu
sous le nom de *Volto Santo*. L'expression de son regard
est à la fois doux et grave; sa tête est ornée d'un dia-
dème et une longue robe serrée par une ceinture re-

couvre son corps en entier. — Le peuple a pour ce Crucifix une grande vénération ; il raconte à son sujet une multitude de légendes : il aurait été trouvé sur la mer et il aurait salué les reliques de saint Honoré, un jour que la châsse qui les contenait passait devant lui. — Il était autrefois placé dans l'église de Saint-Firmin-le-Confesseur, au-dessus de la porte principale. Tous les ans, on le portait en procession, sur un bateau, dans les canaux de la Somme qui arrosent les aires ou hortillonnages de la Voirie et de Camon; on construisait même, au lieu de l'embarquement, vers le port du Don, un pont de bâteaux bien décoré. — L'église qui le renfermait ayant été supprimée à la révolution, on le transporta à la Cathédrale. Il y est toujours l'objet de la vénération générale, en particulier des hortillons et des bateliers qui habitent sur les bords de la Somme ou qui naviguent dans ses eaux. Cette chapelle a été restaurée en 1825. — La quatrième chapelle n'a de remarquable que la statue de saint Honoré, ronde-bosse en pierre, par Vimeu. Dans la cinquième, sous le patronage de Notre-Dame de la Paix, se trouve une belle statue de la Vierge en marbre blanc, par Blasset, les draperies qui la couvrent passent pour un chef-d'œuvre de sculpture. La sixième est dédiée à saint Firmin, on y voit la statue de ce patron du diocèse, exécutée par Vimeu. Le 15 octobre 1841, un Chemin de Croix en quatorze magnifiques tableaux peints à l'huile a été placé dans les chapelles latérales.

CROISÉE. — Cette partie de l'église fut gravement endommagée en 1497 ; on fut alors obligé de consolider les maîtres piliers par des agraffes et des liens en fer d'Espagne ; elle offre d'abord deux roses magnifiques dont rien n'égale l'éclat et la variété des couleurs.

Côté droit. — Le monument de Claude Pierre, chanoine. La chapelle de Notre-Dame du Puy occupe

le milieu de ce côté. Cette superbe chapelle est décorée
d'un beau tableau peint par Franken, en date de 1628,

représentant l'Assomption de la Vierge; à droite et à gauche du rétable d'autel, s'élèvent deux colonnes de marbre noir d'Italie, aux chapiteaux dits corinthiens, richement dorés. Les statues de Judith, tenant la tête d'Holopherne, de David, pinçant de la harpe, de la Vierge, tirant un enfant d'un petit puits, fixent tout d'abord l'attention.

CÔTÉ GAUCHE. — Le tombeau de l'évêque Pierre Sabatier, d'un côté du portail, de l'autre l'urne renfermant le cœur de Mgr. de Mandolx, la cuve baptismale,

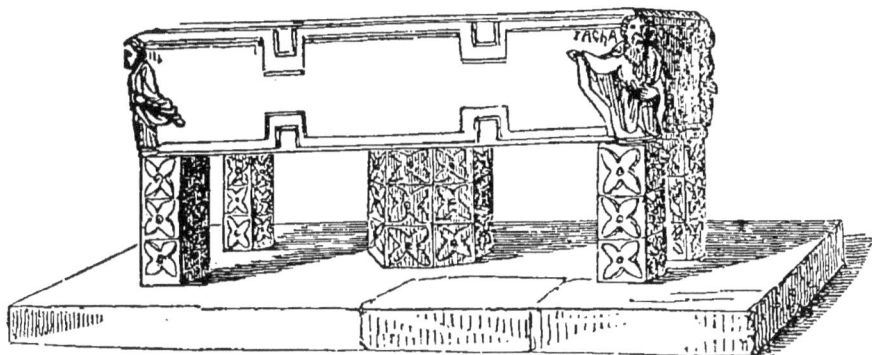

antérieure à la fondation de la cathédrale, le mausolée du cardinal Hémart, contre le premier pilier de la nef, la chapelle placée tout au milieu de ce côté, sert de pendant à celle de Notre-Dame du Puy ; elle a été restaurée avec une grande magnificence, elle est surmontée d'une statue de saint Sébastien, ouvrage de Blasset. Sur le mur de séparation de la croisée et de la chapelle de Saint-Firmin, est sculpté en relief un groupe représentant les diverses parties du temple de Jérusalem. Exhumé de l'ancien cimetière Saint-Denis, le 16 août 1811, le chantre de Vert-Vert, Gresset, repose au pied du deuxième pilier en face de ce monument.

POURTOUR EXTÉRIEUR DU CHŒUR. — Au dehors du chœur, sur les faces latérales de son mur de clôture, on remarque des tableaux en plein relief qui représentent : ceux du côté droit, des traits relatifs à la vie de saint Firmin, martyr, et de saint Salve, tous deux évêques d'Amiens ; ceux du côté gauche, les principaux évènements de la vie de saint Jean-Baptiste ; le sanctuaire est fermé par une grille en fer d'un travail admirable. On compte onze chapelles autour du chœur. La première, du côté droit, sous l'invocation de saint Pierre et de saint Paul, statues par Dupuis ; la deuxième, sous celle de saint Joseph, anciennement sous l'invocation de St. Charles Borromée ; la troisième, servant actuellement de passage pour la nouvelle sacristie, était dédiée à saint Éloi ; la quatrième, à saint François d'Assise, statue en bois par Vimeu ; la cinquième et dernière de ce côté, à saint Jacques, relief trois-quarts du même ; celle qui occupe le derrière du rond-point du chœur est appelée *Petite Paroisse*. Cette chapelle va être entièrement restaurée et ornée d'un autel élégant, aux svelles proportions, d'un style grandiose et monumental. En face de la *Petite Paroisse*, se trouve le plus beau mausolée que contienne la basilique, celui du chanoine Lucas ; *l'enfant-pleureur*, qui le domine, la tête reposant sur sa main droite, et la gauche appuyée sur une horloge de sable, excite l'admiration ; jamais l'expression de la douleur ne fut plus heureusement rendue que sur la figure de ce jeune enfant. Les cinq chapelles qui bordent le côté gauche du chœur, sont, à compter de la *Petite Paroisse*, de sainte Theudosie, de saint Jean,

relief trois-quarts par Vimeu, de saint Quentin, de Notre-Dame des Sept-Douleurs, ronde-bosse en pierre

par Dupuis, enfin celle de saint Jean-Baptiste, la plus belle, la plus riche en ornements, et près de laquelle on conserve le véritable chef du précurseur. Elle est toute en marbre; le tableau de l'autel est un relief en bois sculpté en 1780 par Carpentier, artiste d'Amiens; les deux figures des côtés, rondes-bosses en pierre, l'une représentant saint Firmin, l'autre saint François de Sales, ont été sculptées en 1710 par J. Poultier.

Cette chapelle fut construite à la suite d'un vœu fait par le corps de ville, pendant une maladie contagieuse.

Nous devons accorder une mention toute particulière à la chapelle de sainte Theudosie. Grâce à un don de 30,000 fr. dû à la munificence impériale, elle a été restaurée avec une élégance et une richesse parfaites en 1854; les vitraux de cette chapelle, peut-être d'une couleur un peu sombre, n'en sont pas moins d'une belle exécution et d'un style remarquable. Au dire des connaisseurs ils peuvent, jusqu'à certain point, soutenir la comparaison avec les anciennes verrières de notre basilique. Les ornements accessoires, l'autel, la grille qui enserre la chapelle, concourent à l'harmonie de l'ensemble, et en font un morceau très-distingué.

Chœur. — Le chœur, élevé de six degrés au-dessus de la nef, a 43 mèt. 22 cent. de longueur. Les regards sont tout d'abord arrêtés par les stalles aussi remarquables par le nombre infini des détails, que par l'élégance et la délicatesse de l'exécution; elles sont en bois de chêne et de châtaignier, et au nombre de cent seize. Les dossiers de ces stalles, autrefois parsemés de fleurs de lis, sont surmontés d'une espèce de frise enrichie de dentelures et de pendentifs d'un merveilleux travail. — Une balustrade, formée de petites colonnes de cuivre doré, avec appui en marbre blanc, sépare le chœur du sanctuaire, dont le pavé, en beau marbre rouge, noir et blanc, figure de jolies rosaces; on voit sur les deux côtés quatre grands médaillons repré-

sentant en relief les quatre Évangélistes ; des anges
groupés tout autour tiennent en main des candelabres.
L'autel, à la romaine, redorée en 1827, est d'une
magnificence peu commune ; derrière lui s'élève une
gloire d'une grande richesse et d'une parfaite exécution : elle est véritablement digne de décorer une aussi
belle cathédrale, quoiqu'elle soit un peu lourde et
qu'elle intercepte la charmante perspective qu'offrait
la vue de la chapelle de la Sainte Vierge.

Derrière l'autel on conserve, dans une châsse, les
reliques de Saint-Firmin et de quelques autres Saints

du diocèse : elles sont en grande vénération dans le
pays.

Château d'Eau, situé sur le *Port d'Aval*. —
Construit sur pilotis en 1751, il se compose à la base
d'un large carré à pans coupés, dans le soubassement
duquel était renfermé l'appareil de la mécanique. Au
sommet et autour de ce socle quadrangulaire règne une

galerie que couronne une balustrade en pierre. Au milieu s'élève une lanterne en charpente revêtue de plomb et percée de quatre fenêtres en arcade; une plate-forme la termine; l'ensemble général rappelle un peu l'Observatoire de Paris. Des tuyaux traversaient l'édifice et faisaient monter, dans un bassin de distribution établi au sommet, l'eau qui alimentait les fontaines publiques, puis la descendaient ensuite, pour la verser dans des tuyaux de conduite qui la répartissaient dans les divers quartiers de la ville. La machine hydraulique du Château d'Eau était un objet très-curieux à voir. Conçue avec une remarquable simplicité, elle faisait l'admiration des connaisseurs. L'appareil consistait en deux corps de pompes aspirantes et foulantes, dont les balanciers étaient soulevés par deux rouages excentriques, fixés sur l'axe d'une roue à aubes, comme celle d'un moulin à eau. Cette roue était mise en mouvement par une chute d'eau prise dans la rivière d'Avre, dont on avait détourné le cours pour lui donner plus de force et de rapidité.

Le Château d'Eau n'est plus occupé maintenant que par l'architecte de la ville qui y a ses bureaux. Les machines hydrauliques qui fonctionnaient dans son intérieur ont été supprimées. Un nouveau système destiné à alimenter les fontaines publiques est en activité dans un bâtiment spécial, construit à cet effet sur le Pont-Saint-Michel.

Cimetières. — Les anciens cimetières d'Amiens, dont les principaux étaient celui du Blamont et celui de Saint-Denis, ont totalement disparu. Ils ont été remplacés par celui de la Madeleine, situé à deux kilomètres environ de la ville, derrière le faubourg de Saint-Maurice, qui s'élève en amphithéâtre, à peu de distance

de la Somme. Après de longues contestations, il fut rendu
public en 1817. Déjà considérable à cette époque, on
l'agrandit de moitié en 1827 ; sa contenance actuelle est
de 13 hectares 12 ares 65 centiares. Un mur de clôture
l'entoure sur trois de ses faces. — On y parvient par
une longue avenue formée de platanes. L'entrée principale vient d'être décorée par une grille portant des
couronnes symboliques d'immortelles ; elle a été faite
par Nicolas Delaux, serrurier, sur les dessins de M. Vigreux, architecte de la Ville, ainsi que le dépositoire
près de la grande allée, dont le style simple et sévère
est tout-à-fait en rapport avec sa destination. Des arbustes fleuris, des masses d'arbres touffus, des pelouses
de verdure, des allées onduleuses disposées avec goût,
entretenues avec soin, en ornent l'entrée et embel-
lissent la dernière demeure des mortels ; il semble que
de ces grands arbres frémissant au souffle de la brise,
s'exhalent comme des murmures plaintifs, des plaintes
inarticulées, qui remplissent d'une religieuse mélan-
colie le cœur de l'homme errant sous ces ombrages funèbres ; le charme de cette nature luxuriante, les cris
joyeux des oiseaux voletant çà et là, ou se posant sur
l'extrémité des plus hautes cimes des arbres, cette insouciance et cette gaîté des êtres vivants au milieu du
silence des froides dépouilles de la mort, présentent
un contraste saisissant qui frappe l'imagination, as-
sombrit l'âme et la dispose aux profondes méditations.
Une chapelle d'un style simple et sévère, placée au
sommet du monticule qui domine la porte d'entrée, attire
d'abord les regards ; un double sentier en pente douce
y conduit ; M. de Mandolx, évêque d'Amiens, y repose.
Près d'elle est la demeure du prêtre qui rend aux morts
les derniers devoirs, et la maison du gardien. Ensuite on
gagne le *Champ du repos*. C'est là que viennent se briser

4

les passions tumultueuses, s'évanouir les joies et les illusions de la vie. Le regard erre çà et là sur cette vaste enceinte, dont le sol inégal et tourmenté, pareil à une mer labourée de fortes vagues, est recouvert d'une multitude infinie de croix, de tombeaux, d'urnes, et de pyramides élancées. Des groupes d'arbustes inclinés, de pins au noir feuillage, des saules pleureurs penchés vers la terre, interrompent seuls la monotonie de ce tableau. La piété filiale, l'amour paternel, la douleur conjugale, l'amitié reconnaissante ont gravé sur la pierre et sur le marbre de touchantes et pathétiques inscriptions. Les arts, ces enfants du génie humain, règnent encore dans ce séjour de la destruction; les croix de fer aux robustes rameaux, les fortes colonnes funéraires, les splendides mausolées y défient la dent rongeuse et la faulx meurtrière du temps. Parmi les monuments les plus remarquables, il faut citer ceux de MM. Dijon, recteur de l'académie d'Amiens, Poullain, avocat, Dargent, maire, Duthoit, sculpteur, Lapostolle, chimiste et agronome; ceux de Mmes d'Epagny, d'Halloy, Vast-Lefurme, de Mme Decoron, de la famille Florent Corroyer, de M. Delacour, du jeune Laffilé, etc., etc. Sur l'emplacement de ce cimetière exista jadis la Maladrerie de Saint-Lazare, où, vers 1200, on retirait les croisés qui revenaient infectés de la lèpre. Plus tard, et lorsque la peste sévit à Amiens, on y recueillit les habitants malades; Henri IV établit aux environs son quartier-général, lors du siége d'Amiens, en 1597.

Citadelle. — Située à l'extrémité nord-ouest de l'enceinte extérieure, à peu de distance du canal de la Somme et de la chaussée du Nord. — Lorsque l'on détruisit les fortifications qui défendaient autrefois la ville, la citadelle fut conservée comme point militaire. Elle a été bâtie par ordre d'Henri IV, en 1598. Ce ro , qui venait de reprendre Amiens sur les Espagnols , avait résolu de mettre désormais à l'abri de toute surprise une importante cité, dont la présomptueuse confiance avait été si funeste à la France, et lui avait coûté six millions. Le plan de la citadelle fut dressé en sa présence, et l'ingénieur Jean Erard, de Bar-le-Duc, fut chargé de la direction des travaux ; pour la fermer du côté du midi, il fallut abattre deux cents maisons de l'ancienne ville, l'église paroissiale de Saint-Sulpice, l'hôtel d'Heilly, etc. — L'enceinte de cette forteresse forme un pentagone régulier, dont les cinq bastions portaient les noms de Béarn, de Luynes, de Saint-Pol, de Chaulnes et de Navarre. Ces bastions, à angles aigus, donnent, avec les cinq courtines, un développement de 1620 mètres. De larges et profonds fossés, creusés en partie dans la pierre, portent le contour total à 1840^m. Les dehors sont défendus par des ouvrages en terre qui s'étendent sur la campagne ; l'intérieur est occupé par de vastes bâtiments. La chapelle fut construite sur les cintres de l'ancienne porte Montre-Ecu : un petit bras de la Somme , nommé anciennement rivière *des Gardes*, serpente au bas des fortifications et baigne le côté du midi. Des travaux considérables, exécutés à la citadelle depuis quelques années, l'ont mise sur un pied respectable de défense. On y a construit récemment un Arsenal, pour remplacer celui qui existait rue des Rabuissons, et une vaste et belle Caserne.

Voici qu'elles sont les contenances de la Citadelle :

Entre les murs	8^h 87^a 56^c
Le bastion détaché formant l'entrée y compris le corps-de-garde	0^h 30^a 24^c
Et les ouvrages en terre et fossés en dehors des murs	20^h 39^a 37^c
ou 295,717 mètres.	29^h 57^a 17^c

Collége de la Providence.— Fondé en 1851, le Collége de la Providence a pour but d'assurer aux élèves, avec les avantages d'une instruction solide, les bienfaits d'une éducation religieuse. Il est dirigé par les RR. PP. Jésuites. Cet établissement, parfaitement situé dans l'un des quartiers les plus salubres de la ville, ne laisse rien à désirer sous tous les rapports. On y a construit récemment une vaste chapelle dans le style gothique.

Couvents. — Onze communautés d'hommes existaient à Amiens, avant la révolution. *Augustins*, *Dominicains*, *Célestins*, *Carmes déchaussés*, *Capucins*, etc., s'y faisaient remarquer par leurs différents costumes et les règles diverses de leurs ordres. Ces établissements, vendus comme biens nationaux, sont devenus aujourd'hui des habitations particulières, ou ont été détruits pour la plupart.

On compte actuellement, au milieu de notre ville, onze couvents de femmes, ainsi répartis :

COMMUNAUTÉS RELIGIEUSES.

1°. Les *Carmélites*, rue Porte-Paris, 5 ;

2°. Les *Clarisses*, rue du Loup, 32 ;

COMMUNAUTÉS SE LIVRANT A L'ENSEIGNEMENT.

3°. Les *Dames du Sacré-Cœur* ou *de la Foi*, rue de l'Oratoire, 1 ;

4°. Les *Dames du Sacré-Cœur* dites *de Louvencourt*, possèdent une jolie église construite en 1828, rue des Crignons, 8 ;

5°. Les *Ursulines*, rue St-Dominique, 6 ; leur chapelle fut consacrée le 2 juillet 1839 ;

6°. Les *Dames de la Visitation*, rue Saint-Fuscien, 55. On admire la jolie coupole de leur chapelle ;

style ogival flamboyant, d'une architecture assez délicate, date du commencement du XVe siècle; en 1477, il fut rallongé avec des matériaux provenant des anciennes fortifications. L'extérieur, un peu noirci par la main du temps, est d'un aspect assez pittoresque. Lors de la construction du beffroi actuel, le guet fut placé dans la tour élevée du clocher. L'intérieur, en voie de restauration, plaît à l'œil par la légèreté de ses voûtes : il se compose d'une nef, d'un chœur et d'un double rang de bas-côtés. Les portes en bois sculpté des deux portails, datent du XVIe siècle, ainsi que la tour. Malgré la sobriété de son ornementation, elle est extrêmement remarquable. Les ouïes du clocher, du côté du nord, sont décorées de fleurs de lys encadrées d'ogives simulées. L'une des richesses artistiques dont on a le plus à déplorer la perte, est le magnifique jubé, soutenu par huit colonnes, et représentant les principales scènes de la Passion : il fut détruit en 1736.

Jaloux de rendre à cet antique monument une partie de son ancien lustre, le conseil municipal d'Amiens a voté une somme importante pour faire disparaître les dix logettes hideuses, noires et puantes, qui en déshonoraient les murs, et pour des travaux de consolidation que réclamaient les toitures et les galeries. La fabrique s'est imposé également des sacrifices pour opérer le ravalement général de l'intérieur.

M. le curé actuel de cette paroisse a voulu contribuer généreusement à ces améliorations. Il a fait don à son église de plusieurs belles cloches, qui forment un carillon très-harmonieux.

De nouvelles orgues, placées dans une tribune dont le style sera en harmonie avec l'architecture de l'édifice, proclameront, en sons vibrants et solennels, la libéralité de M. l'abbé Caron, son ancien curé. M. de Morgan

Vue prise du Pont-Neuf, près la rue des Majots. — Page 67.

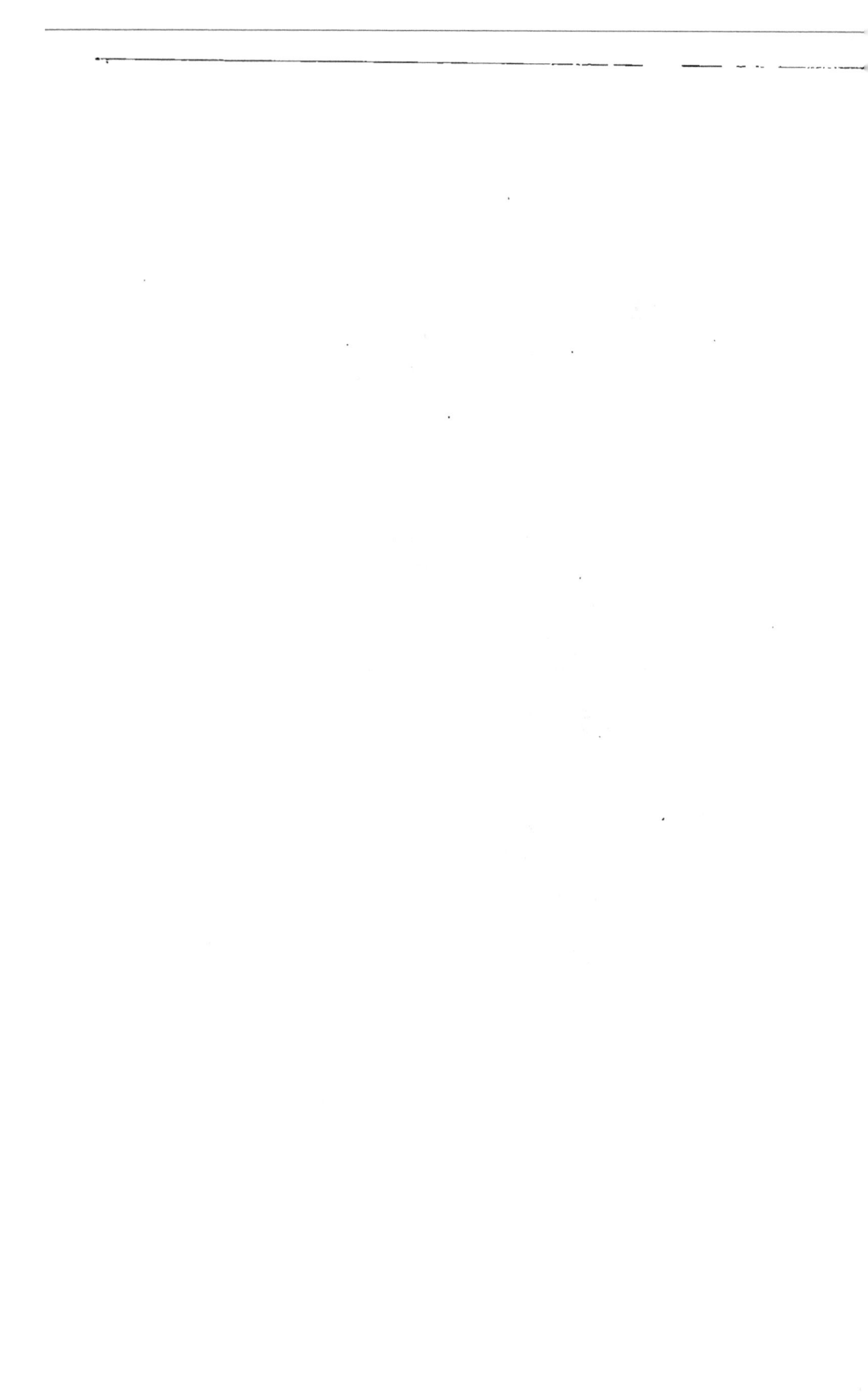

vient de faire don de l'autel en pierre de la Ste Vierge, dont MM. Duthoit ont exécuté la sculpture, d'après les dessins de M. Viollet-Le-Duc, architecte du gouvernement.

2°. SAINT-JACQUES, situé rue de ce nom, fait la séparation de la rue Flament d'avec la rue Voclin ; l'ancienne église fut démolie en 1833, et reconstruite d'après les dessins de M. Cheussey, architecte. La façade, un peu écrasée, se compose d'un portique soutenu par quatre colonnes ; on y entre par trois portes sans ornements ; l'intérieur est d'un style convenable, et les colonnes accouplées qui soutiennent les voûtes font un agréable effet ; il est à regretter seulement que l'édifice ne soit pas plus spacieux. On y remarque, au rond point, la belle chapelle de la Vierge, décorée par MM. Duthoit frères, avec un grand talent, et de chaque côté les vitraux des deux chapelles, œuvres de MM. Laurent et Gsell et Couvreur. Longtemps on avait cru perdu le secret de la fabrication de ce genre de vitraux : M. Couvreur, d'Amiens, a prouvé, dans l'exécution de la vitre qui représente le Sacré-Cœur, ainsi que dans plusieurs autres exécutées à la chapelle du couvent de la Visitation, à Henriville, aux églises de Reims et d'Arras, que par la beauté du travail, la netteté du dessin, la fraîcheur et la vivacité des couleurs, il pouvait soutenir la comparaison avec ce qui a été fait de mieux en ce genre dans les temps anciens. La pose de la première pierre eut lieu le 11 juillet 1837, et la consécration se fit le 7 novembre 1841 par Mgr. Mioland. L'église Saint-Jacques a été en partie détruite par un incendie, au mois d'août 1857 ; ce sinistre sera bientôt réparé.

3°. SAINT-LEU. — L'église Saint-Leu, dédiée à saint Loup-de-Sens, située rue Saint-Leu, existait dès le XIᵉ siècle. Ce n'était, dans son origine, qu'un prieuré peu

considérable, sous l'invocation de saint Lambert. Elle
fut élargie et allongée en 1481. Cent ans après, le jour
de Pâques 1581, le clocher qui se trouvait au-dessus
du chœur, renversé par un ouragan, causa la mort
de soixante-huit personnes ; pour éviter le retour d'un
si déplorable accident, on le reconstruisit à l'entrée
de l'édifice. Cette tour gothique, d'un assez bon
style, est encore la seule chose qui puisse être re-
marquée dans cette église. L'intérieur ne renferme rien
qui puisse fixer l'attention, à part une tribune avec
son escalier et les statues rondes bosses de la Vierge
et de saint Vincent de Paul, placées dans les chapelles
qui terminent les bas-côtés. Ses vitraux obscurs et
peu nombreux ne laissent pénétrer dans ce temple
qu'une faible clarté ; le sanctuaire néanmoins n'est pas
sans quelque magnificence ; on aime à voir apparaître,
à travers un jour mystérieux et au milieu de nuages,
qui forment la gloire, le signe auguste de la Rédemp-
tion. Longueur hors d'œuvre, 41 mètres. On restaure
actuellement cette église à l'intérieur et à l'extérieur.

4°. SAINTE-ANNE. — Cette petite église, destinée aux
habitants du faubourg de Noyon, dont elle forme l'entrée à gauche, n'offre au dehors qu'une façade peu
développée surmontée d'un clocher exigu, aux mes-
quines proportions, et d'un style équivoque. L'intérieur,
d'une extrême simplicité, paraît convenablement approprié aux besoins du culte. Elle est due en grande
partie à la générosité de Mme Dupuy de Gerville. La
première pierre fut posée le 2 juillet 1834 par Mgr. de
Chabons, et la consécration fut faite le 18 octobre 1835.

5°. SAINT-REMI, rue et impasse des Cordeliers.—C'est
l'ancienne église des religieux de cet ordre. La construction en remonte aux XIV° et XV° siècles, elle ne

68

Saint-Jacques, vue prise du faubourg de Hem. — Page 67.

présente à l'extérieur rien qui appelle l'attention ; le
clocher est mesquin et peu élevé ; l'intérieur se compose
d'un chœur, d'une nef et d'un seul bas-côté ; une tribune
très-spacieuse, au milieu de laquelle se trouve l'orgue,
et où se réunissent les exécutants lors des grandes
messes en musique, est placée au-dessus de la porte
d'entrée. Une jolie chapelle, dédiée à Notre-Dame de
Bon-Secours, termine le bas-côté ; on y voit deux bas-
reliefs en marbre blanc, dont le premier représente la
Cène, et le deuxième l'*Adoration des Mages*. Sur la
gauche du chœur se détache le magnifique tombeau en
marbre blanc, noir et jaspé de Nicolas de Lannoy,
connétable, et de son épouse, Jeanne Maturel. Il se
compose d'un grand soubassement quadrangulaire adossé
au mur ; dans la niche pratiquée au-dessous sont placés
les deux époux, nus et de grandeur naturelle ; au-dessus de l'arcade s'élève le cénotaphe à une hauteur de
plus de dix mètres. Sur la plinthe qui règne au-dessus,
ils reparaissent, à genoux, dans une attitude de sup-
pliants et revêtus du costume de l'époque. Sur les côtés
du tombeau sont représentés, en marbre blanc, la
Tempérance, la *Justice*, la *Force*, la *Prudence :* le
revêtement du mur sur lequel s'appuie le mausolée est
divisé en trois compartiments par quatre colonnes qui
soutiennent la frise ; au centre est un médaillon représentant la *Résurrection ;* à droite les armes du défunt ;
à gauche celles de son épouse. Le maître-autel est
surmonté d'un beau tableau de Fragonard, représentant le *Baptême de Clovis.* Ce tableau, donné par
Charles X, fut inauguré le 5 décembre 1828.

On construit dans les faubourgs de Beauvais, de
Saint-Pierre et dans la section de Longpré, trois églises
en style ogival pur dont les projets ont remporté le prix
dans un concours public.

Faubourgs. — Faubourg de Beauvais, s'étend principalement le long des routes de Paris et de Rouen, au sud-ouest de la ville, et compris dans le 3ᵉ arrondissement. On le divise en grand et petit faubourg. La chapelle de Saint-Honoré, qu'il renferme, est une succursale de la paroisse de Saint-Remi.

Faubourg de la Hotoie, près de la belle promenade de ce nom, à l'ouest d'Amiens, fait partie du 4ᵉ arrondissement.

Faubourg de Hem, séparé du précédent par un bras de la rivière de Selle, dépend comme lui du 4ᵉ arrondissement. Il possède une église depuis quelques années.

Faubourg de Noyon, à l'est de la ville, dont il est séparé par une assez vaste esplanade. Il ressort du 2ᵉ arrondissement et se compose de trois parties bien distinctes, savoir : le *Grand-Faubourg*, la *Basse-Ville*, et le *Petit-Faubourg*. La route qui conduit d'Abbeville à Compiègne le traverse dans son milieu. Des sept faubourgs d'Amiens, c'est le plus agréable et le mieux bâti ; il était autrefois un lieu préféré de promenade, et les boulevards nouveaux ont pu seuls lui ravir ce privilège, qu'il partageait avec le *Petit Jardinier*, où se trouvait la guinguette de ce nom, remarquable par la disposition de ses salles et de ses jardins. — A peu de distance, et au nord du faubourg de Noyon, on rencontre la délicieuse promenade de la Voirie, dans une presqu'île formée d'un côté par la Somme, et de l'autre par la rivière d'Avre, et qui rejoint le village de La Neuville. La position de la Voirie au milieu des *aires* est des plus agréables. On appelle *aires* des jardins potagers d'une admirable fertilité qui s'étendent à plus de quatre kilomètres le long des bords de la Somme, et que séparent les uns des autres de petits canaux établis

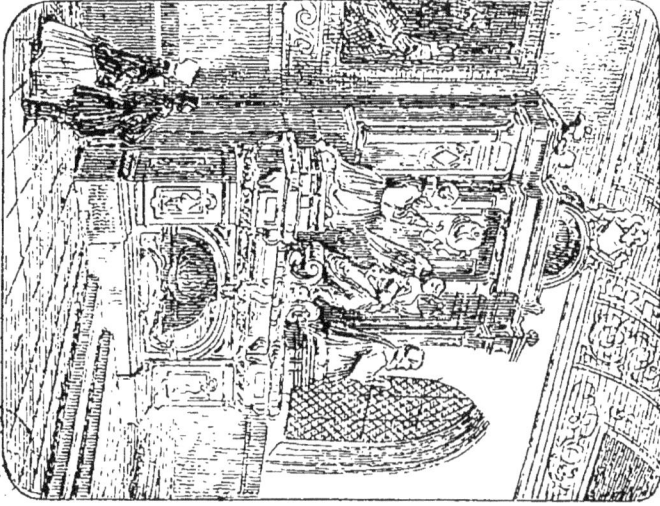

Tombeau de M. de Lannoy. — Page 68.

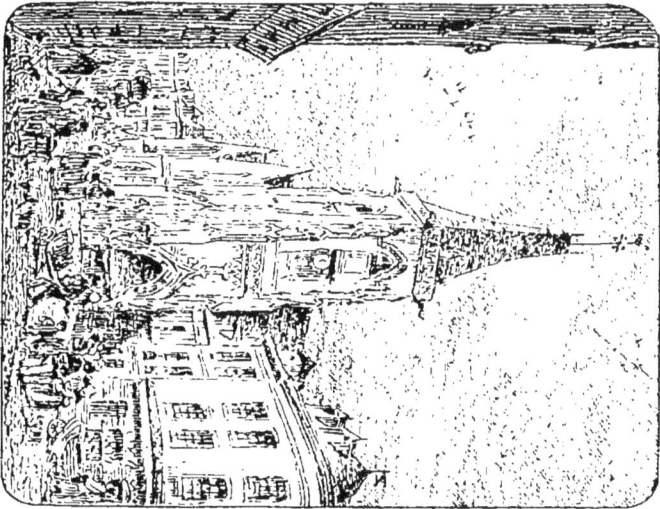

Église Saint-Lou. — Page 67.

Ed. T. Bricleau Amiens.

au moyen de saignées faites aux diverses branches de la rivière, sur lesquels se font de délicieuses promenades en bateau pendant les beaux jours. Ces jardins fournissent d'excellents légumes pour la consommation de la ville et des environs. On voit à droite de la Voirie, dans une vallée appelée le *Pleinseau*, la maison de campagne où Gresset composa ses plus belles poésies.

FAUBOURG DE SAINT-MAURICE, assis sur la pente de falaises assez élevées, est baigné au pied par un des bras de la Somme, sur les bords duquel sont établis de nombreux ateliers de teinture. Son église fut inaugurée le 1ᵉʳ août 1841.

FAUBOURG HENRIVILLE, au sud-est d'Amiens. C'est un quartier entièrement neuf, qui depuis 1830, a pris des développements considérables ; il ne faudra plus que peu de temps pour qu'il soit réuni au quartier St-Louis, placé en regard de la rue Napoléon, et dont les rues s'allongent déjà à perte de vue jusque dans les champs. L'air salubre qui y règne invite les particuliers aisés à s'y fixer, et tout fait présager à ce côté de la ville un avenir de plus en plus brillant.

FAUBOURG DE SAINT-PIERRE, sis au nord-est de la ville, sur les routes qui conduisent à Lille et à Cambrai, Il fut incendié plusieurs fois pendant les guerres de Picardie. On y cultivait autrefois la vigne.

Fontaines. — Amiens ne brille point par ses fontaines publiques, il n'en est aucune que l'on puisse citer comme œuvre d'art ; les seules qui présentent quelqu'intérêt sont celle qui forme le coin des rues Gresset et de Saint-Jacques ; celle du Marché au Feurre et la fontaine Saint-Julien, rue Saint-Leu. Les autres ne sont que des bornes-fontaines. Espérons que la munificence municipale dotera un jour notre cité de fontaines dignes de la capitale de la Picardie.

Une source abondante connue sous le nom de *Fontaine des Frères*, placée au pied du bastion de Guyencourt, alimente, avec la fontaine *Marie-Caron*, boulevard du Port, toutes les fontaines publiques. Des réservoirs ont été établis en même temps que le pont Saint-Michel, en conséquence d'une délibération du conseil municipal d'Amiens, du 4 mars 1843. D'après cette délibération, ces réservoirs devaient être au nombre de cinq; mais on n'en construisit d'abord que quatre. Deux à Henriville, un au faubourg Saint-Pierre, et le dernier à l'Hôtel-Dieu. Le grand réservoir d'Henriville est le plus remarquable. Il peut contenir jusqu'à 24,000 hectolitres d'eau. Son niveau est à 40 mètres au-dessus de la Somme, en aval du pont Saint-Michel. Des conduites en fonte joignent ce réservoir et les autres, et alimentent les *bornes-fontaines* que l'on a récemment placées dans les principales rues d'Amiens, pour la commodité des habitants.

Gare et Débarcadère du chemin du Nord. — Construit en 1847, pour les besoins du chemin de fer du Nord et de celui de Boulogne, ce vaste édifice peut rivaliser avec les plus beaux du même genre, construits dans les principales villes de France. Sa façade noble, simple, d'un style sévère et grandiose à la fois, fait le meilleur effet et décore d'une belle ligne de bâtiments l'esplanade du faubourg de Noyon. Une porte monumentale, de proportions hardies et grandioses, donne accès dans l'intérieur. Au-dessus, un cadran dont les heures sont visibles à une grande distance, illuminé chaque soir, dessine son cercle d'or, et avertit de l'instant du départ ou de

Embarcadère des Chemins de Fer du Nord & de Boulogne. — Page 72.

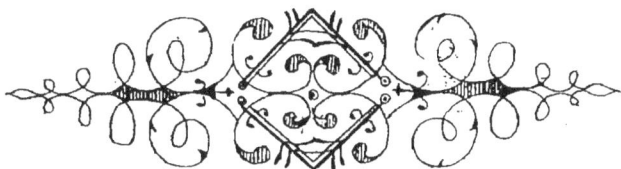

Bassin de la Hotoie. — Page 98.

Lith. I. Boileau Amiens

l'arrivée. De vastes salles, parfaitement éclairées et ornées d'un mobilier confortable, servent aux voyageurs de lieux d'attente. Des toitures vitrées, soutenues par une charpente en fer d'une légèreté aérienne, et de sveltes colonnettes en fonte, recouvrent l'espace où les locomotives fumantes encore viennent déposer leurs immenses convois. Un buffet parfaitement organisé se trouve renfermé dans l'intérieur de l'édifice.

Halle aux Grains, rue des Trois-Cailloux, entre les n°ˢ. 20 à 28, et rue des Jacobins, entre les n°ˢ 11 et 17. La commune d'Amiens avait été autorisée, en 1751, à élever sur la place au Blé, aujourd'hui place Périgord, une halle aux grains qui devait en occuper le côté méridional ; les fonds n'ayant pas été suffisants pour l'achat du terrain, on fut obligé de chercher ailleurs à moins de frais, un endroit convenable. En 1782, la ville fit l'acquisition d'une maison, rue des Trois-Cailloux, qui avait son issue rue des Jacobins ; son emplacement fut choisi pour y construire la halle. Les travaux furent exécutés sous la direction de M. Rousseau, qui s'en acquitta en architecte de goût et de talent. L'ouverture eut lieu le 26 juillet 1793. — La construction des deux façades extérieures est imposante. Elles sont en briques, ainsi que le reste de l'édifice ; les corniches et tous les ornements sont en pierre ; l'intérieur est remarquable par la distribution commode de ses diverses parties, et par cet ensemble mâle et sévère qui convient à la destination du monument. Le plan général, dont la longueur hors d'œuvre est de 63 mètres et la largeur de 30, présente un carré long, entouré de galeries, et laisse au centre une cour, aussi quadrangulaire, de 34 mètres de long sur 14 de large, destinée à la circulation des voitures. Son éten-

5

due est de 2025 mètres. Dans chacun des angles des galeries inférieures sont placés quatre beaux escaliers qui conduisent à l'étage supérieur. Ces galeries sont divisées en arcades. L'une d'elles sert d'emplacement à plusieurs cours communaux et aux répétitions de la musique de la garde nationale ; dans l'autre sont établis les bureaux de la Caisse d'épargne et de Bienfaisance.

Hôpital Saint-Charles, à l'extrémité de la grande rue de Beauvais. Cet hospice dut son origine à Antoine Louvel, curé de la paroisse Saint-Remi. Cet ecclésiastique, aussi recommandable par sa piété que par sa bienfaisance, acheta, le 16 mai 1640, deux maisons près de la porte Beauvais, sur l'emplacement desquelles on commença, le 2 juillet suivant, l'aile de bâtiments tenant à l'église. Le roi confirma cet établissement en 1644, et, quelque temps après, l'évêque Feydeau de Brou, obtint la permission de faire une loterie, dont le produit fut destiné à l'agrandissement de l'édifice. Dans la suite, des dons assez importants ayant été faits à cette maison, par le Chapitre de la Cathédrale et l'échevinage, on songea, en 1787, à élever le nouveau corps-de-logis sur la rue de Beauvais et celui en retour sur la rue des Louvel. La pose de la première pierre de ces bâtiments, qui furent construits sur les dessins de M. Rousseau, architecte, eut lieu le 6 mai 1791, par Desbois de Rochefort, évêque constitutionnel. Le premier a 128 mètres de longueur, et le second 64. Les travaux furent continués en pluviose an VII. En 1818, on changea la destination de la façade, grande rue de Beauvais, qui était occupée par des boutiques. L'aile gauche a été construite en 1845, par M. Herbault, architecte, qui a suivi les plans de son devancier. L'église, en forme de

croix, est assez belle. Elle fut consacrée, sous l'invocation de *Sainte Anne* et de *Saint Charles Borromée*,
par l'évêque Pierre Sabatier, le 3 novembre 1708.
Le portail, construit depuis cette époque, n'a rien
de gracieux ni d'élégant. On remarque, dans l'intérieur de cette église, un groupe en pierre, ouvrage
de Cressent, qui représente l'Assomption de la Sainte-
Vierge.

L'hospice Saint-Charles renferme un de ces établissements salutaires que Saint Vincent-de-Paul créa pour
prévenir les infanticides ; avant l'arrêté préfectoral
du 25 juin 1856, on recevait, dans un *tour*, placé à
droite de la porte d'entrée, les enfants délaissés par
leurs mères. Au fronton de ce tour, on lisait cette inscription touchante :

A L'ENFANCE ABANDONNÉE.

Cet hospice est maintenant sous la direction des religieuses hospitalières de Saint-Vincent-de-Paul et d'un
bureau d'administration : il contient quatre cents lits,
dont cent pour les vieillards-hommes ; cent pour les
vieillards-femmes ; cent pour les garçons et cent pour
les filles de la ville et de la banlieue.

Hospice des Incurables, grande rue de
Beauvais, 91. L'inauguration de ce précieux établissement se fit avec pompe le 13 décembre 1829, en présence des autorités et d'un grand nombre d'habitants
de la ville. On le doit au zèle de deux prêtres d'Amiens,
MM. Duminy, ancien curé de la cathédrale, et Léraillé,
curé de Saint-Remi. La maison, qui se compose des
anciens bâtiments de l'*hôtel des douze pairs de France*
et de l'*abbaye de Saint-Martin-aux-Jumeaux*, fut achetée moyennant 60,000 fr. par ces deux ecclésiastiques,

avec le secours de quelques personnes charitables, notamment de madame veuve Laurendeau. Honneur éternel à ceux qui ouvrent ainsi des refuges à l'humanité condamnée à d'irrémédiables infirmités.

Hôtel de la Gendarmerie, rue des Jacobins, 62, fut établi, en janvier 1806, dans l'une des dépendances de l'ancien couvent des Ursulines; les bâtiments en sont très-vastes, et conservent presque dans tout leur entier les marques de leur ancienne destination. Un bâtiment sur la rue vient d'être élevé sur les dessins de M. Herbault.

Hôtel-Dieu, Hôpital situé rue Saint-Leu, près d'un pont auquel il a transmis sa dénomination.

Connu dans l'origine sous le nom d'Hôpital de Saint-Jean, il est mentionné dans les titres dès l'an 1100. L'Hôpital de Saint-Jean se trouvait alors placé sur la petite rivière d'Avre, non loin de la Cathédrale et du Palais épiscopal. Au nombre de ses bienfaiteurs, figurent en première ligne un seigneur de Vignacourt, Pierre d'Amiens, qui donna le fief de Regnauval en 1184, et Guillaume III, comte de Ponthieu, qui le gratifia d'un revenu de dix muids de sel.

Situé auparavant rue du Hocquet; des motifs de salubrité déterminèrent l'évêque Geoffroi d'Eu à le transférer, en 1236, à la place qu'il occupe aujourd'hui. Les libéralités de quelques personnages de marque, amis de l'humanité, avaient favorisé ce déplacement. Jean de Croy fit don du terrain qui forme une espèce de péninsule. Gauthier, seigneur d'Heilly, abandonna un emplacement limitrophe du précédent, et qui fut annexé à cet hospice. Alors furent augmentées les constructions primitivement établies. Le Chapitre de la Cathédrale, jaloux de participer à cette œuvre pieuse et charitable fournit des rentes assez considérables. De riches particuliers suivirent l'impulsion donnée, et, par des dotations plus ou moins importantes, répondirent de toutes parts à ces exemples, de sorte que les revenus de la maison s'accrurent en très-peu de temps. La maladrerie d'Ossonville, ou Blanche-Abbaye, fut réunie à l'Hôtel-Dieu en 1296. La ville possédait, en 1520, au bout du jardin, une salle dite *des Pestiférés*, démolie en 1675, et dont les matériaux servirent à la construction du dortoir.

Les différents corps de bâtiments sont très-étendus; mais leur distribution n'a point toute la régularité qu'on désirerait y trouver. Cela résulte de ce qu'ils furent construits à diverses époques. Quoi qu'il en soit, ils sont salubres et présentent toutes les commodités possibles. Trois cours principales en séparent les différentes parties, et facilitent la circulation de l'air. D'importantes constructions récemment élevées, permettront de recevoir dans ce bel établissement, un plus grand nombre de malades.

La façade sur la chaussée Saint-Leu présente trois genres différents d'architecture. La partie qui borde la rivière fut construite, au commencement du XVIᵉ siècle, des deniers d'Adrien de Hénencourt, chanoine, qui se rendit célèbre par ses fondations nombreuses et par les embellissements multipliés qu'il fit exécuter à la Cathédrale. Le portail de l'église actuelle est de la fin du XVIIIᵉ siècle; construit en forme de péristyle et dans un style pur, il mérite quelque attention. Cette église fut achevée à la fin de décembre 1790. La porte d'entrée est du XVIIᵉ siècle, et ne présente rien de remarquable.

L'Hôtel-Dieu est destiné aux malades, aux blessés de tout âge et de tout sexe, tant de la ville que de la banlieue. Les incurables et les personnes attaquées de maladies chroniques n'y sont pas reçus. Il y a deux cents lits pour les malades civils et militaires. Les hommes et les femmes ont des salles qui leur sont propres; une salle particulière est affectée aux femmes en couche.

Les salles des militaires n'ont aucune communication avec les salles civiles.

Cette maison, dont on admire l'ordre et la propreté, est confiée, comme les précédentes, aux soins des religieuses de l'ordre de saint Vincent-de-Paul. Elles y sont au nombre de quinze. Ces filles, modèles de la charité chrétienne, s'immolent sans réserve au soulagement de l'humanité souffrante. Avec quelle patience inaltérable, inouïe, quoique exposées à des dégoûts continuels, avec quelle douceur angélique les voit-on prodiguer sans cesse des consolations de tous les genres aux infortunés, qui ne réclament jamais en vain leur salutaire assistance. Qu'elle était donc belle l'âme de celui qui le premier conçut l'idée d'une si admirable association !

L'Hôtel-Dieu est le chef-lieu de l'*École secondaire de Médecine et de Pharmacie*, dont l'enseignement a pour but de former des officiers de santé et des pharmaciens. L'amphithéâtre où se donnent les leçons renferme une pièce anatomique en cire, digne d'intérêt par son exécution.

Hôtel-de-Ville ou Mairie, situé place de la Mairie, dont il forme le côté méridional, chef-lieu de la Municipalité d'Amiens, du Tribunal de Commerce, du Conseil des Prud'hommes, de l'Académie des sciences, commerce, belles-lettres et arts du département de la Somme, et du Conseil de discipline de la Garde nationale.

C'est l'un des monuments les plus vastes et les plus recommandables d'Amiens. Il ne fut achevé qu'en 1760. La longueur de la façade principale est de 68 mètres : elle devait être double d'après un plan adopté lors du commencement des constructions. Cette façade est d'un aspect régulier. Le soubassement est décoré d'arcades feintes. C'est au rez-de-chaussée, qu'ils occupent en totalité, que sont établis les divers bureaux des employés, et la salle du secrétariat.

L'étage supérieur, d'une architecture qui s'accorde avec celle des autres parties de l'édifice, est remarquable aussi par son exécution simple et de bon goût. Pour parvenir à cet étage, il faut pénétrer dans la cour de l'Hôtel-de-Ville et prendre un escalier placé dans l'aile du bâtiment que l'on trouve alors à sa droite. On monte ainsi aux différentes pièces du haut. On rencontre d'abord les salles d'audience du tribunal de commerce, puis la grande salle, ensuite celle du Conseil ou du Congrès, vastes appartements bien décorés et ornés de tableaux de bons maîtres presque tous d'une grande dimension. Ces tableaux, extraits du Musée spécial de l'école française, ont été envoyés par le Gouvernement, lors du congrès d'Amiens. Les plus estimés sont les suivants :

Une Mère spartiate, faisant jurer à son fils, sur l'autel de la Liberté, de défendre la patrie, par Boucher ;

La Mort de Priam, d'après le récit de Virgile, tableau animé et d'un bel ensemble, par Regnaud ;

Auguste annonçant la paix et donnant l'ordre de fermer les portes du temple de Janus, par Carle Vanloo ;

Trajan faisant distribuer du pain au peuple de Rome, lors d'une disette, par Vien;

Une chasse à l'Autruche, par Carle Vanloo;

Une chasse à l'Ours, par le même;

Une chasse aux Crocodiles, par Boucher;

Une chasse au Tigre, par le même;

Ces quatre derniers sont d'une grande beauté et très-prisés des amateurs.

Cette salle vient d'être enrichie d'un tableau de grande dimension peint par Rodolphe-Gustave Boullanger, et représentant *Jules César* se disposant à passer le Rubicon.

C'est dans la grande salle que l'Académie tient ses séances, et qu'ont lieu les cérémonies publiques et les bals donnés par la ville. On y fait encore les distributions de prix aux élèves des différents cours communaux.

Puis vient le vestibule qui sert d'issue à la salle du Congrès, et dans une salle contiguë sont renfermées les archives de la Mairie. On y construit actuellement du côté de la rue Delambre une aile sur les plans de M. Vigreux, architecte de la Ville.

Jardin des Plantes, situé dans une presqu'île près du grand bassin du canal et contre le boulevard du Jardin des Plantes.

Ce jardin appartenait, dans le principe, au domaine de l'État. Connu alors sous le nom de *Jardin du Roi,* il était, pour la jeunesse, un lieu de danses et de plaisirs. Pourtant ses mystérieux bocages furent détruits en 1708, et ses tapis de verdure transformés en trous à tourbe. Etrange métamorphose!... Il resta, pour ainsi dire, sans destination jusqu'en 1751, quand Louis XV

l'abandonna à la ville, à condition que celle-ci en cède-
rait la jouissance à l'Académie des sciences, arts et
belles-lettres, nouvellement instituée, pour y faire un
cours de Botanique. La première leçon fut donnée le
1er juillet 1754 par Dom Robbe, prieur des Feuillants.
Les leçons se continuèrent avec succès jusqu'en 1793,
époque à laquelle l'Académie fut supprimée comme
toutes les corporations savantes. Le Jardin des Plantes
retourna naturellement au domaine, et fut placé sous
la surveillance immédiate du district d'Amiens. Une
commission des arts, établie près de ce district, déter-
mina l'administration à pourvoir à la conservation et à
l'entretien d'un établissement si utile et si apprécié
dans une ville de commerce. Aussi se trouva-t-il en
très-bon état, lorsqu'il fut mis à la disposition de l'école
centrale, et que le professeur d'histoire naturelle y
rouvrit le cours de botanique appliquée.

Alors, par suite de l'extension donnée à la science,
le terrain éprouva des améliorations importantes. Il
fut disposé de manière à contenir un plus grand nombre
de plantes exotiques et indigènes, que l'on devait ran-
ger d'après une classification plus régulière. Le gouvernement en envoya une partie; la ville acheta le reste,
de sorte que la collection devint assez complète.

En 1801, on disposa en gradins des arbres de différentes espèces sur le talus du rempart placé à l'ouest
du jardin, et que le ministre de la guerre venait de
concéder à l'école de Botanique.

L'Ecole centrale étant supprimée en 1804, la ville
reprit possession du Jardin des Plantes, et se chargea
des frais de l'entretien et du paiement d'un professeur.
Depuis lors il est resté sous la juridiction de l'autorité
municipale : le cours de Botanique y a toujours lieu
chaque année, de la mi-mai à la mi-août.

5.

Le Jardin des Plantes se compose de deux parties séparées par un des bras de la rivière de Somme, que l'on traverse sur un pont en bois. Dans la première, on voit, à droite en entrant, le pavillon servant de cabinet d'histoire naturelle, et plus bas la serre chaude; à gauche, le logement du conservateur, et devant soi l'emplacement où l'on cultive les plantes : il figure un parallélogramme disposé en plates-bandes. Les plantes sont classées par familles : des étiquettes en fer-blanc et en verre, fixées sur des tiges en fer, indiquent le nom de chacune d'elles, et si elles sont vivaces, annuelles ou bisannuelles.

La seconde partie, bien moins étendue que la première, est connue sous la dénomination d'école d'arbres fruitiers. On y remarque quelques espèces étrangères. Un bras de la Somme lui sert de limite au levant, et coule avec une étonnante rapidité.

Lors de la belle saison, les habitants d'Amiens trouvent, dans le Jardin des Plantes, l'agréable à côté de l'utile : il leur offre une promenade riante, paisible, et des points de vue assez variés.

Lycée impérial, rue des Lirots, n°. 32, forme le coin de cette rue et de celle de Saint-Jacques. — Ce Lycée, dont le ressort comprend les départements de la Somme, de l'Oise et de l'Aisne, est situé dans l'une des parties de la ville les plus élevées et les plus salubres, avantage précieux et bien essentiel pour un établissement de ce genre. Les bâtiments sont très-vastes; ils composaient l'ancienne abbaye de Saint-Jean, ordre des Prémontrés, dont l'église a été démolie en juillet 1800. Dans la première cour, d'une grande étendue, on remarque le fronton qui décore la classe de chimie; il ne manque pas de noblesse; la seconde est enserrée dans un cloître quadrangulaire, sur lequel les différentes classes ont leur entrée : au milieu s'élève un arbre plus que centenaire, qui l'ombrage au loin de sa vaste coupole de verdure ; impassible témoin, il voit chaque année couronner les jeunes lauréats sur le théâtre académique dressé devant lui. Le réfectoire et la chapelle, placés en regard, et de dimension à peu près pareille, sont très-remarquables. On y voit une suite de fort bons tableaux, fixés dans les lambris, séparés les uns des autres par des pilastres d'ordre corinthien, et représentant divers sujets tirés de la Bible. Les classes, les dortoirs, les salles d'études spacieux et bien aérés, méritent une mention particulière. Les élèves prennent leurs récréations dans deux grands jardins commodément disposés, où ils s'exercent à des jeux de toute espèce ; on y a joint, depuis plusieurs années, des appareils gymnastiques propres à développer leur force physique, à donner à leurs membres la grâce, la vigueur et la souplesse. Une discipline sévère, et l'ordre le plus parfait, règnent dans ce bel établissement, d'où sont sortis, et d'où sortiront encore les sujets les plus distingués et les plus capables d'honorer la cité qui les a vus naître. Des professeurs du plus grand mérite, recommandables à la fois par leurs talents, leurs lumières, leur expérience, y remplissent, avec un zèle infatigable et un entier dévoûment, les devoirs attachés à leurs nobles fonctions.

Maison des Frères de la Doctrine chrétienne. — La maison principale se trouve rue de la Bibliothèque. La pose de la première pierre eut lieu le 19 août 1824. Cet édifice d'un style simple, mais régulier, est bien approprié à sa destination ; on y a disposé récemment une très-jolie chapelle en style flamboyant. Les Frères y instruisent, par la méthode de l'enseignement simultané, une grande partie des enfants de la classe pauvre. La maison pour la paroisse de la Cathédrale est située Impasse Rubempré. On y a joint une Salle d'Asile.

Quartier Saint-Leu. La maison est située rue des Minimes, avec Salle d'Asile.

Quartier Saint-Germain. La maison est située Ile-Saint-Germain, maison Morgan, avec Salle d'Asile.

Quartier Saint-Jacques. La maison est située sur le boulevard des Frères, avec Salle d'Asile également.

Maison des Religieuses de Louvencourt
A SAINT-ACHEUL. — Ce monastère est parallèle à la grande route. Comme celui de la Visitation, il a été construit tout en briques, en 1844.

Cette construction, dédiée aux Sacrés-Cœurs de Jésus et de Marie, et due à la généreuse munificence de madame la marquise Dupuy de Gerville, en faveur des pauvres orphelines, a été faite sous l'épiscopat de Mgr. Mioland, qui en a béni lui-même la première pierre, en présence de MM. de Brandt, aumônier de Monseigneur; Libermann, supérieur des missionnaires du Sacré-Cœur de Marie; Cacheleu, aumônier de la maison-mère; de Madame Saint-Bernard, supérieure-générale des religieuses des Sacrés-Cœurs de Jésus et de Marie, dites des *Louvencourt;* de Madame Saint-Stanislas, supérieure de la maison des Orphelines, et de M. J. Herbault, architecte, le 19 juillet 1844.

Les jardins de cette maison sont très-vastes. On élève, dans cette communauté, un certain nombre de jeunes filles privées de pères et de mères.

Maisons remarquables. — Nous en citerons quelques-unes recommandables par leur ancienneté, leur élégance et leur construction. Nous indiquerons, par exemple :

1°. La maison de M. Morgan de Belloy, rue du Port, près le Port d'Aval (ancien hôtel de Monceaux), dont l'entrée en ogive, aujourd'hui bouchée, avait quelque chose qui rappelait le moyen-âge, à cause des deux tourelles en cul-de-lampe dont elle était flanquée et qui subsistent encore ;

2°. Celle de MM. Caron et Lambert, rue des Vergeaux et sur la place du Grand-Marché, 1, la plus élevée de la ville après celle de l'Oratoire ;

3°. Celle de la rue des Vergeaux, 61 et 63, enrichie de sculptures de l'époque de la *Renaissance*, qui ont été mutilées par un ciseau ignorant : on la regarde comme un joli morceau d'architecture ;

4°. Celle de la place Périgord, 1, bâtie lorsque l'on eut le projet de donner à cette place une forme ovale et d'élever au centre un obélisque ;

5° Celle de la rue des Jacobins, 9, construite sur les dessins de l'architecte Christophe ;

6°. Celle de la rue Saint-Denis, 28 ; le cardinal de Richelieu la fit bâtir, en 1638, pour y placer le bureau des finances ;

7°. Celle de la rue du Quai, 22 ; où était la manufacture de tapis de M. Laurent-Morant, achetée récemment pour y établir la maison Cozette (hospice des vieux ménages) ;

8°. Celle de la rue des Trois-Cailloux, 16, construite en 1856.

Nous ne devons pas omettre, en parlant des habitations les plus remarquables d'Amiens, le *Logis-du-Roi*, situé passage de ce nom, 5. — De cet édifice, autrefois considérable et digne de former une royale demeure, il ne reste plus, pour ainsi dire, que deux tours en briques, qui semblent n'en former qu'une parce qu'elles sont jointes ensemble ; elles se laissent apercevoir d'assez loin. Sur la corniche d'une maison à travers laquelle le passage a été ouvert, on voit quelques ornements de sculpture et deux portraits en reliefs ; cette maison faisait encore partie du *Logis-du-Roi*, qui avait été construit par ordre de François Ier. Ce monarque devait d'abord l'habiter lui-même ; mais il renonça dans la suite à ce projet, et le donna pour demeure aux gouverneurs de Picardie. Les bâtiments composent aujourd'hui des habitations particulières.

Marchés. — Le principal Marché d'Amiens, celui aux *Fruits et aux Légumes*, actuellement appelé *Marché de Lanselles*, du nom du donateur qui fournit les fonds nécessaires à sa construction, est situé place du Grand-Marché. Il a lieu tous les jours. L'édifice, qui sert aux marchands, est un vaste parallélogramme où les vendeurs sont parfaitement installés, et où le public peut circuler à l'aise. Au centre est une cour qui sert au déchargement des voitures. De vastes caves sont, en outre, disposées pour placer les marchandises. Son étendue est de 1800 mètres.

Le *Marché au Blé* se tient à la Halle au Blé, rue des Trois-Cailloux ; il a lieu les mercredi et samedi. Il est très-considérable le samedi.

Le *Marché aux Farines* se tient aussi à la Halle au Blé tous les lundis.

Le Marché aux Chevaux, place de ce nom, derrière le bureau d'octroi de la barrière du Cours, a lieu le samedi de chaque semaine.

Le Marché au Beurre, aux OEufs et à la Volaille, le samedi, place de l'Hôtel-de-Ville.

Le Marché aux Fleurs, aussi place de l'Hôtel-de-Ville, est très-considérable le vendredi-saint ; il a lieu depuis ce jour jusqu'à la Pentecôte, les vendredi et samedi de chaque semaine.

Le Marché à la Féraille, place Saint-Firmin, le samedi de chaque semaine.

Le Marché aux Perches et aux Echalas, foire très-considérable, rue Saint-Denis, contre le mur de clôture du Palais de Justice, le vendredi et le samedi saints.

Le Marché à la Toile, à la Halle au Blé, le samedi matin.

Musée d'Histoire Naturelle. — Il fut fondé en 1840, sous la direction de M. le maire d'Amiens. Il est établi dans les combles de l'amphithéâtre du Jardin des Plantes. Dès 1842, il présentait déjà un ensemble fort satisfaisant, grâce aux dons volontaires de plusieurs particuliers, au nombre desquels il faut placer en première ligne madame la comtesse d'Auberville, qui enrichit la collection de trois cents oiseaux et de cinquante quadrupèdes, comprenant soixante-dix genres environ. Bientôt une subvention de 1200 francs fut accordée, pour chaque année, par la ville, et cette collection scientifique a pris un rapide accroissement. La Botanique, la Minéralogie, la Zoologie, y sont convenablement représentées.

Oratoire (l'), situé rue de ce nom, appartenait, avant la révolution, aux Oratoriens. Il est actuellement

occupé par les *Dames du Sacré-Cœur*, qui y ont érigé
un pensionnat de jeunes demoiselles. L'emplacement
est bien choisi et l'intérieur convenablement distribué.
Le nouveau corps-de-logis, bâti en 1825 et joignant l'é-
glise de l'Oratoire, est remarquable par sa belle construction, la façade a environ 34 mètres de longueur sur
20 de hauteur.

Palais de Justice, chef-lieu de la Cour Impériale d'Amiens et du Tribunal civil; il est établi dans
le local de l'ancien couvent des Célestins. Situé derrière
la Salle de Spectacle et contre la prison dite des
Grands-Chapeaux, cet édifice à deux entrées différentes : l'une sur la rue de Saint-Denis, fermée par une
grille en fer; l'autre sur le cloître de la Barge.

Un jardin planté d'acacias et formé par de vastes
et belles pelouses s'étend sur la rue Saint-Denis, et fait
mieux ressortir la longueur du principal corps de bâtiment. De la terrasse, qui règne au sud, on jouit d'une
vue magnifique du côté méridional de la cathédrale.

La grande façade a un aspect imposant, à cause de
son étendue. Deux portes se trouvent à cette façade :
celle de gauche conduit dans un couloir par lequel on
entre dans la Cour d'Assises, dans la salle des jurés,
et dans celle où l'on dépose les accusés pendant les
délibérations du jury. Derrière est le jardin de la Cour,
d'une contenance peu considérable, mais bien disposé
en jardin anglais; la seconde porte, celle de droite,
donne sur une galerie dont l'issue est le cloître de la
Barge, et qui laisse à son centre une petite terrasse
quadrangulaire. C'est le rendez-vous habituel de quelques bons et honnêtes petits bourgeois, rentiers et promeneurs de profession, qui viennent y traiter souvent
les hautes questions d'économie publique et de poli-

tique, discuter et répartir à leur guise les intérêts généraux comme ceux des particuliers. Autour de cette galerie sont les entrées qui conduisent aux salles occupées par les différentes sections de la Cour impériale et du Tribunal civil de l'arrondissement d'Amiens, dont les différents noms sont inscrits au-dessus de chaque porte. Les décorations de chacune de ces salles, quoique simples, sont à remarquer : leur simplicité a quelque chose de l'éclat austère qui convient à la justice, de cet éclat dont elle a besoin de s'environner pour donner, en quelque sorte, plus de solennité à ses arrêts. On distingue surtout la salle d'audience de la Chambre civile, et la Chambre du conseil.

A l'une des extrémités du cloître est une petite porte, à droite de laquelle on communique du Palais de Justice, à la maison de justice et à la maison d'arrêt.

Palais Épiscopal. — L'entrée principale est vis-à-vis la place Saint-Michel ; une autre ouvre sur la rue des Soufflets, et c'est par cette dernière que défile la pompe funèbre des évêques.

La principale entrée, bâtie en 1748, par l'architecte Christophe, supportait deux lions en pierre, de grandeur naturelle, et couchés aux deux côtés de l'écusson des armes de l'évêché. Elle a été remplacée, tout récemment, par une porte nouvelle et un mur d'enceinte, dont le style et les ornements sont en harmonie avec les constructions et chapelles qui ceignent la cathédrale de ce côté. Une longue et belle avenue conduit au palais, dont la façade, en forme de péristyle, est d'assez bon goût.

On voit dans la nouvelle salle une collection de tableaux représentant quelques-uns des évêques qui occu-

pèrent le siége d'Amiens. Autrefois la galerie était ornée
de tableaux de prix, dont les cadres, surchargés de sculptures et travaillés avec un art et une patience admirables, offraient un monument remarquable du goût
dominant de l'époque où ils furent exécutés. Quelques-
uns ont été conservés : ils proviennent tous de maîtres
de la confrérie de Notre-Dame du Puy. On pense généralement que celui qui représente, entre autres sujets,
l'arrivée à Amiens du roi François Ier, est de Léonard
de Vinci, peintre de ce monarque : le dessin n'en est
pourtant pas assez correct pour qu'on puisse y recon-
naître l'œuvre d'un artiste aussi renommé.

Les appartements de l'Evêché sont distribués et décorés avec élégance. Les constructions, tant du corps-
de-logis principal que de ses dépendances, occupent
un espace étendu de terrain. Les jardins sont beaucoup
plus spacieux encore.

Passages. — Amiens s'est enrichi depuis quelques
années, de plusieurs beaux Passages. Nous citerons :

1°. Le *Passage du Commerce*, qui réunit la rue des
Trois-Cailloux à la rue des Jacobins; ce passage, voisin
du théâtre et situé dans un brillant quartier, est sans
contredit le plus agréable et le plus fréquenté de tous.
Sa construction est simple et de bon goût; les boutiques
sont ornées de moulures d'un joli effet; de nombreux
becs de gaz y répandent chaque soir une vive et rayon-
nante clarté;

2°. Le *Passage de la Renaissance*, construit sur les
plans de M. Cheussey, ancien architecte de la ville;
il est d'un style élégant, reproduisant avec fidélité
l'architecture et l'ornementation de l'époque que son
nom rappelle. Les deux côtés de l'angle formé par le
passage sont réunis par un octogone, surmonté d'une

légère coupole dont les gracieux soutiens ainsi que les autres ornements de la galerie, ont été exécutés par l'un de nos plus habiles fondeurs. Il est à regretter que la façade un peu étroite de la rue des Trois-Cailloux, n'ait pu offrir les proportions plus larges et plus monumentales de celle de la rue des Sergents;

3°. Le *Passage des Arts* n'offre rien de remarquable. Il joint la rue du Chapeau de Violettes à la rue au Lin ;

4°. Le *Passage de la Comédie*, en face du théâtre ;

5°. Le *Passage Lenoël*, réunissant les rues de Metz et Gresset;

6°. Le *Passage des Cordeliers*, joignant cette rue à la petite rue de Beauvais.

Places. — Amiens n'est pas riche en belles places. Nous devons pourtant citer d'abord celle occupée par le *Marché de Lanselles*, comme la plus vaste et l'une des plus anciennes ; — celle du *Marché au Feurre* qui lui fait suite ; — la *Place Périgord*, centre de la ville, qui, d'après les premiers plans, devait former un vaste ovale ; elle est décorée de deux maisons monumentales qui placées en face l'une de l'autre aux deux extrémités, font un bel effet ; — la *Place Saint-Martin* et celle de *Saint-Firmin*, toutes deux ornées d'arbres et de trottoirs ; — la *Place Saint-Denis*, la plus élégante d'Amiens : les maisons qui l'entourent sont, de deux côtés, du moins, régulières et imposantes ; le milieu est orné de la statue en bronze de Ducange, due au talent du sculpteur picard Caudron ; — citons encore la *Place Saint-Michel*, attenante à la cathédrale, où s'élève la statue de Pierre l'Hermite, œuvre remarquable de M. Forceville, notre compatriote ; — et celle de *Longueville*, située à l'entrée du boulevard du Mail, d'une étendue considérable, qui sert fréquemment pour la troupe de lieu d'exercice et de revue et où se fait la foire dite de la Saint-Jean ; — mentionnons encore pour mémoire la *Place du Port d'Aval*, en face du Château-d'Eau.

Poissonnerie. — Cet édifice communal, de construction moderne, est situé au bas du Marché de Lanselles, et a une sortie sur la rue des Tanneurs. La façade sur le Marché présente assez de régularité dans son ensemble.

Ponts. — Des cinquante Ponts qui établissent à Amiens la communication entre les quartiers séparés par les bras si nombreux de la rivière de Somme, aucun ne mérite d'être cité pour sa beauté. Trois seulement se recommandent par l'ancienneté de leurs construction.

Les anciens Ponts *de Barabant* et *du Cange*, construits en 1423 et 1429, ont subi des modifications que leur état de vétusté rendait indispensables ; le pont de Barabant a été construit en bois en 1835. Ceux du boulevard de la Citadelle et du Jardin des Plantes, et celui par lequel on entre dans la chaussée Saint-Pierre, sont d'une construction neuve, simple et élégante à la fois.

Le nouveau *Pont Saint-Michel* a été reconstruit dans le cours des années 1844 et 1845. Sur le terre-plein, on a élevé un bâtiment d'une forme assez remarquable. Le bas contient les machines hydrauliques servant à l'élévation des eaux de la *Fontaine des Frères* et de celle de *Marie-Caron*, dans les divers réservoirs construits à la même époque aux frais de la ville, et à leur distribution dans les différents quartiers. La partie supérieure du même bâtiment se compose de plusieurs appartements destinés au logement du gardien mécanicien qui veille à l'entretien de ces ingénieuses machines, dues à M. Mary. Il renferme, en outre, le logement et les bureaux du directeur des Fontaines. Le Pont Saint-Michel a 45 mètres de longueur, et 8 mètres de largeur d'une tête à l'autre; il est formé de deux arches semblables, ayant chacune 11 mètres d'ouverture, et 1 mètre 60 centimètres de flèche.

Portes d'entrées ou Barrières. — Les diverses entrées d'Amiens étaient, à une époque encore peu éloignée de nous, fermées par autant de portes en ogive, et flanquées de tours pour la plupart vues du dehors; elles produisaient, avec l'ensemble des fortifications, l'aspect le plus pittoresque. Ces portes, d'une épaisseur considérable, défendues autrefois par des ponts-levis et des ouvrages environnants, alors qu'Amiens était considéré comme ville frontière, et que des guerres presque continuelles désolaient nos contrées, devenues de nos jours complètement inutiles, ont été détruites jusqu'à la dernière, celle de la porte Saint-Pierre, démolie en 1831. Les entrées ne sont plus maintenant que de simples barrières.

Ports. — Il y a deux Ports à Amiens; tous les deux tirent leur nom de leur situation respective, l'un, appelé le *Port d'Amont*, près le pont du Cange et la Voirie; l'autre, le *Port d'Aval*, vis-à-vis le Château-d'Eau.

Le premier, de date récente, fut établi, lors de la formation du Canal, pour y décharger les charbons de terre, les bois et autres marchandises qui viennent par la haute Somme, de l'Oise et de l'Escaut. Quoiqu'il laisse encore beaucoup à désirer, il n'en offre pas moins de grands avantages pour les hauts quartiers de la ville avec lesquels il communique par le boulevard de l'est;

ou plutôt par le pont des Augustins, que l'on a reconstruit pour diminuer une pente trop rapide, et en face
duquel on a percé une nouvelle rue. C'est là qu'eut
lieu, en 1850, la brillante fête nautique célébrée pour
l'inauguration de la statue de Ducange, et deux ans
plus tard, celle encore plus splendide donnée par la
ville, en l'honneur de Gresset.

Le *Port d'Aval*, achevé en 1738, présentait de grands
obstacles dans sa construction. L'art des ingénieurs les
fit cependant disparaître : on regrettait seulement qu'il
ne s'étendît pas davantage, car il n'était primitivement
que la moitié de ce qu'il est aujourd'hui : toutefois, les
divers projets présentés pour son agrandissement, demeurèrent sans exécution jusqu'à l'époque de l'ouverture du canal de la Somme. Cet agrandissement deve-
nait dès-lors indispensable, et il fut décidé qu'il serait
continué jusque vis-à-vis le boulevard qui porte son
nom : les travaux exécutés avec ensemble et promp-
titude furent achevés en 1830. Dans sa position actuelle,
le Port d'Aval offre un abord sûr et commode pour le
débarquement des marchandises.

De l'autre côté de la Somme, à peu de distance de
l'endroit où s'élève la haute cheminée de l'usine à Gaz
de la Compagnie européenne, et où le canal s'embranche
avec la rivière, on jouit d'une vue très-pittoresque
d'une partie de la ville ; le spectateur voit se dérouler
devant lui toute l'étendue du Port, où viennent se
presser, lorsque les circonstances sont favorables au
commerce, les larges gribanes de la Somme, les longs
bateaux de l'Escaut, de l'Oise et de la Seine. A l'extrémité de la grève s'élève le Château-d'Eau, dessinant sur
l'azur du ciel sa masse régulière aux formes bien arê-
tées ; au second plan, c'est l'antique clocher de Saint-

Bibliothèque. — Page 30.

Port d'Aval. — Page 94.

Lith. I Boileau, Amiens.

Germain, bruni par les années, qui domine la colline sur laquelle il est bâti ; plus loin, vers la droite, les regards se reposent sur la tour du Beffroi et son dôme élevé dans les airs; enfin, à l'extrémité du tableau, les deux tours du grand portail de Notre-Dame dessinent, dans le lointain, leurs contours réguliers, tandis que la flèche hardie du gothique édifice s'élance avec légèreté jusqu'au sein des nues.

Préfecture (HOTEL DE LA), situé rue des Rabuissons, n° 45. Il fut commencé vers 1761, et devait servir de résidence à l'intendant de Picardie. D'après les premiers plans adoptés, il devait être d'une grande magnificence, et beaucoup plus vaste qu'il ne l'est, puisqu'il n'occupe guère que le quart de l'emplacement primitivement assigné aux constructions. Malheureusement la guerre de sept ans absorba la majeure partie des fonds mis depuis longtemps en réserve pour cet objet : au surplus, le manque d'étendue est peut-être le seul reproche que l'on puisse faire à cet édifice. Les distributions en sont commodes, faites avec goût : il se compose d'un corps de logis principal, qu'accompagnent deux ailes parallèles, séparées par une cour. Au rez-de-chaussée se trouvent trois beaux salons, dont le principal fut décoré de la manière la plus splendide, lors du passage à Amiens de leurs Majestés Impériales, au mois d'octobre 1853. Derrière l'hôtel s'étend un vaste jardin parfaitement entretenu.

Les Bureaux sont placés dans l'aile droite du monument.

Depuis quelques années, un large trottoir en bitume s'étend dans toute l'étendue de la façade, et ajoute beaucoup à l'aspect général de l'édifice.

Prisons. — La ville d'Amiens en renferme deux, savoir :

1°. *Bicêtre*, maison de correction, située faubourg du Cours, près de la Hotoie. Elle fut construite vers 1780, pour servir de dépôt de mendicité. Les bâtiments en sont vastes et tout en briques ; l'espace compris entre les quatre gros pavillons qui en forment les angles, se divisent en plusieurs cours aboutissant les unes aux autres, afin de rendre la surveillance plus facile aux gardiens. La chapelle est décorée avec simplicité. Les hommes et les femmes sont séparés, même pendant l'office divin. Un tiers du produit du travail des détenus leur est abandonné pour leurs menus besoins ; un autre tiers est mis en réserve jusqu'à leur sortie, et le dernier est appliqué aux dépenses de la maison.

2°. Une maison de justice et d'arrêt, dite les *Grands-Chapeaux*, près le Palais-de-Justice, où l'on dépose les prévenus de crimes ou délits de toute espèce. Entièrement construite en briques, elle présente toutes les conditions de salubrité convenables. Elle ne fut convertie en maison d'arrêt qu'en 1806. Avant cette époque, elle était occupée par les Frères de la Doctrine Chrétienne ; de là lui est venu le nom de *Grands-Chapeaux*, du surnom donné à cette corporation d'instituteurs.

Promenades. — Si quelque ville peut vanter à bon droit le nombre et la beauté de ses promenades, c'est Amiens, sans aucun doute. Elles y sont, en effet, disposées et multipliées avec un soin digne d'éloges.

Boulevards. Des Boulevards larges, bien plantés, ont remplacé les remparts qui, autrefois, ceignaient la ville, et opposaient à la circulation de l'air et par suite à la salubrité, l'obstacle de leurs masses élevées et impénétrables. Le double cercle d'arbres touffus qui enveloppe maintenant Amiens de sa ceinture verdoyante, l'assainit et lui donne un air de jeunesse bien plus flatteur à la vue, que de vieux pans de murs démantelés, dont l'aride nudité était à peine dissimulée sous un insuffisant manteau de monotone gazon : sur presque tout le contour qu'ils décrivent, et principalement sur le *Boulevard du Mail*, s'alignent de longues files de maisons remarquables par leur aspect gracieux et de bon goût; ce dernier boulevard, de 560 mètres de développement, tient à la place Longueville, dont le large carré s'étend sur l'emplacement de l'ancien bastion de ce nom, démoli lors de la construction du tunnel du chemin de fer de Boulogne. Il est à regretter que l'on n'ait pas pensé à obliger les constructeurs de maisons sur cette place, à se conformer à un alignement régulier, ainsi que cela s'était fait pour la place Saint-Denis. Sans cela, la place Longueville présenterait aujourd'hui un magnifique aspect, au lieu qu'elle n'offre à la vue qu'un mélange confus de maisons bâties sans plan ni méthode, bizarre entassement de constructions qui excluent toute idée d'ordre et de régularité. Espérons qu'une fontaine jaillissante, entourée de beaux arbres, viendra embellir et vivifier cette vaste place, que torréfient pendant tout l'été les rayons ardents du soleil. C'est sur cet emplacement que se tient tous les ans, au mois de juin, la Foire de la Saint-Jean.

Nous devons signaler, parmi les plus agréables promenades de la ville, les jardins qui s'étendent sur le revers du talus du chemin de fer de Boulogne, et se prolongent depuis la place Longueville jusqu'à la porte de

6

Noyon, avec des sinuosités et des ondulations de terrains, qui en font de véritables jardins anglais dans toute l'acception du mot. Ces jardins, ornés de pelouses d'un vert gazon, d'arbustes au feuillage léger et délicat, de fleurs au parfum suave, au brillant coloris, offrent aux promeneurs les plus gracieux aspects à toutes les heures du jour et de la soirée.

La Voirie. On désigne sous ce nom une allée fort agréable, plantée en grande partie de saules, qui se prolonge, presque toujours entre deux cours d'eau, depuis la Barette jusqu'à La Neuville, et suit constamment les sinuosités de la rivière d'Avre : l'aimable solitude de cette promenade, la fraîcheur délicieuse qu'elle offre pendant les chaleurs de l'été, et je ne sais quoi de mélancolique et de champêtre, la recommandent aux âmes rêveuses et aux penseurs.

La Hotoie. Les étrangers ne manquent jamais, en visitant Amiens, d'aller voir le magnifique cours de la Hotoie, situé à l'ouest de la ville, près du faubourg qui porte son nom et de la route impériale d'Amiens à Calais. Cette promenade est depuis longtemps en possession d'une grande célébrité, et mérite sous tous les rapports les éloges qu'on aime à lui prodiguer. Ce n'était originairement qu'une prairie que possédait Marie de la Hotoie, et que cette noble demoiselle abandonna à la commune dans le XIVᵉ siècle. « Je donne, avait-» elle dit dans l'acte de cession, *le lieu de la Hotoie* » *pour égaudir la jeunesse.* » Les intentions de la donatrice furent respectées : la prairie se couvrit, à diverses époques, de plantations, à l'ombre desquelles, pendant les jours de fête, le peuple d'Amiens venait oublier gaiement ses fatigues de la semaine. La Hotoie s'agrandit successivement aux dépens de marais com-

munaux et de quelques portions de propriétés particulières situées dans les alentours; mais elle ne reçut sa
configuration actuelle qu'en 1759, époque où, d'après
les données du célèbre Lenôtre, et sous les ordres de
l'intendant de Picardie, Chauvelin, on la replanta entièrement.

Nulle promenade en France ne méritait de lui être
comparée, avant que la hache impitoyable n'abattît
ses grands ormes, en 1824. Qu'on se figure un vaste
emplacement à peu près en losange, tapissé de magnifiques nappes de gazon, planté d'arbres antiques élevant leurs cîmes à une hauteur de 30 mètres, pour
rapprocher alors leurs rameaux entrelacés et couvrir
comme d'une voûte de verdure des allées à perte
de vue.

L'administration municipale, en décidant que l'on
formerait de nouveau une promenade publique, sur le
terrain de la Hotoie, adopta les anciens dessins : c'était
ce qu'il y avait de mieux à faire, et on lui doit savoir
gré de cette sage mesure. Les tilleuls et les marronniers, que l'on choisit de préférence à l'orme pour
rétablir les plantations, sont parvenus, en moins de
trente années, à un point d'accroissement qui donne
les plus belles espérances, mais ils ne nous rendront
jamais ce somptueux berceau de verdure, unique en
France, comme la nef de notre cathédrale, par sa hardiesse et sa majesté.

La Hotoie se développe sur une longueur de près
d'un kilom. ; sa superficie est évaluée à 19 hect. 90 ares
50 cent. Trois allées principales, savoir : la grande
allée du milieu et les deux contre-allées qui l'accompagnent, sont coupées par deux autres allées transver-
sales, qui forment avec les précédentes quatre espaces

vides et deux quinconces régulièrement plantés en marronniers. Les deux espaces les plus rapprochés de la ville figurent deux triangles rectangles : dans celui de droite on remarque des jeux de longue-paume et de ballon; dans celui de gauche, plusieurs jeux de tamis. Les deux espaces qui suivent, remarquables par leur étendue, se prolongent jusqu'au bout de la promenade ; celui de droite servait, lors des réjouissances publiques, à différents jeux pour la jeunesse; celui de gauche, connu sous le nom de Champ de Mars, servait et sert encore aux évolutions militaires de la garde nationale et de la garnison. Il est plus convenable que l'autre à cet usage, parce qu'il est exposé au midi et que le terrain en est plus ferme.

Un canal de ceinture, alimenté par les eaux de la rivière de Selle, dont on a détourné sur plusieurs points la direction, environne le cours de la Hotoie et en détermine la circonscription : une large allée le borde sur tout son prolongement.

La promenade que nous décrivons est terminée par un superbe bassin qui lui donne un nouveau charme. Il est de forme ovale, porte 150 mètres dans son plus grand diamètre, c'est-à-dire, sur le côté qui fait face à l'allée du milieu, et 111 mètres sur le côté opposé. Des cygnes à l'éclatant plumage, aux contours harmonieux, glissent avec grâce sur son onde azurée et en font le plus bel ornement. Deux îlots placés au milieu leur servent de retraite. L'étendue du bassin est de 1 hectare 32 ares 75 centiares.

Au sud de la Hotoie, on remarque encore plusieurs allées très-agréables qui conduisent soit au Petit-Saint-Jean, hameau de la banlieue, où se trouve le champ de courses de chevaux, soit à Renancourt, village qui possède une manufacture hydraulique pour la filature du coton.

A l'est de la Hotoie, dont il n'est séparé que par le canal, s'étend un jardin spacieux et agréable, ouvert au public, tapissé de belles pelouses gazonnées, et sans cesse rafraîchi par les courants d'eau vive qui serpentent à l'entour. C'est une fraîche et délicieuse promenade pendant la saison d'été. Ce jardin contient environ 4 hectares.

La Hotoie a été de tous temps le théâtre des grandes fêtes publiques et des réjouissances populaires; c'est là qu'eut lieu, en 1848, la fête de la Fraternité; un splendide banquet fut offert, par la garde nationale d'Amiens, aux gardes nationaux de Paris et des départements circonvoisins, sur des tables dressées autour du bassin; un orage imprévu vint malheureusement abréger cette imposante réunion, et jeter la confusion parmi tous les convives. En 1849, l'Empereur actuel, alors Président de la République, accompagné du général Changarnier, y passa une grande revue qui avait attiré une affluence extraordinaire de curieux, et au mois de septembre de l'année 1853, il y parut encore avec l'Impératrice, et assista, du haut d'une magnifique tribune, au défilé de la troupe de ligne, de la garde nationale et des corporations ouvrières, en présence d'un concours immense de spectateurs, accourus de tous les points du département.

Séminaire (GRAND) (1), situé à droite du faubourg de Noyon. Cet édifice, l'un des plus remarquables d'Amiens, fut entrepris, en 1739, aux frais de la congrégation des prêtres de Saint-Lazare; mais les deux ailes

(1) Dusevel, Histoire d'Amiens, 2e édition, Caron et Lambert.

6.

de bâtiments sur le jardin, n'ont été terminées que vers 1830. On parvient dans l'intérieur par un perron majestueux. La salle de réception et la pièce voisine sont décorées de peintures de médiocre valeur; elles représentent Jésus-Christ prêchant dans le désert, les vertus cardinales, et des marines. Le réfectoire est très-vaste. La chapelle offre un coup-d'œil assez agréable. Des colonnes accouplées supportent les voûtes du chœur et du sanctuaire, qui ont été restaurées en 1846. On voit, dans la nef, quelques tableaux remarquables; ils ont pour sujets la *Vie de saint Grégoire-le-Grand*. La bibliothèque contient environ 12,000 volumes, dont le catalogue a été dressé, avec beaucoup de soin, par M. l'abbé Delmas. Dans la basse-cour se trouve un manége, à l'aide duquel on fournit d'eau toute la maison en peu d'instants. Le séminaire, qui fut fermé en 1791 et transféré aux Capets le 7 novembre de la même année, a été changé en hôpital militaire et en dépôt de mendicité en septembre 1793; on ne le rendit à sa première destination qu'en 1817. En 1805, il était établi cloître Saint-Nicolas.

Société Philharmonique. — Depuis l'année 1836, Amiens est doté d'une *Société Philharmonique*. Ses commencements furent modestes, et les premiers concerts, donnés en présence d'un petit nombre de souscripteurs, eurent lieu dans la grande salle de la Mairie. Mais bientôt les encouragements qu'elle reçut de tous côtés, et le nombre toujours croissant des amateurs de musique, permirent d'améliorer cette institution nouvelle, et de consacrer des sommes plus importantes à la rémunération des artistes de premier ordre que la société appelait à figurer dans ses concerts. Un local plus grand pour les réunions musicales devint indispensable, et depuis l'année 1846, les concerts eurent lieu dans la salle du Théâtre, à peine assez spacieuse elle-même pour contenir la foule nombreuse qui s'y presse pour entendre les plus merveilleux instrumentistes, les chanteurs les plus admirables, réunis par les soins de son habile directeur, M. J. Deneux. Nous pouvons dire que sous son intelligente administration, la Société Philharmonique est arrivée au plus haut degré possible de splendeur et de prospérité; il ne lui reste plus qu'à persévérer et à continuer de suivre la ligne brillante qu'elle a parcourue jusqu'à ce jour. La Société donne, par année, trois concerts dans la saison d'hiver, non compris un concert pour les pauvres, où paraissent tour-à-tour les plus hautes célébrités musicales. Le prix de souscription est de 10 francs pour les trois concerts. Les étrangers seuls peuvent souscrire pour un seul isolément, au prix de 5 francs.

Théâtre, rue des Trois-Cailloux, 49. — De tous nos édifices modernes, celui-ci est, sans contredit, le plus élégant : il fut construit par l'architecte Rousseau, de 1773 à 1779, et coûta 180,000 francs.

La façade, simple et de bon goût, est d'une délicatesse achevée. Les sculptures en relief qui la décorent, sont dues au ciseau de M. Carpentier fils, artiste distingué d'Amiens. On y remarque deux groupes de grandeur naturelle, la *Danse* et la *Musique*, la *Comédie* et la *Tragédie*, supportant deux à deux une cassolette. Les divers attributs de ces muses sont reproduits dans plusieurs médaillons. L'exécution parfaite des ornements, leur distribution mesurée, leur grâce et leur agencement plein de goût, donnent à l'ensemble de l'extérieur un aspect des plus agréables.

L'intérieur forme un ovale qui se divise, sur la hau-

teur, en trois rangs de loges. Le parterre est spacieux ;
on y est assis commodément, mais il est trop bas eu
égard à l'élévation de la scène ; un parquet peu étendu
et encore plus enfoncé, le précède. La salle, éclairée
par un lustre peut-être insuffisant, présente, il faut
l'avouer, des avantages qu'on ne rencontre pas dans
d'autres théâtres : les différentes parties n'étant séparées
ni par des colonnes, ni par des cloisons, il en résulte
que la voix des acteurs, ne rencontrant aucun obstacle,
se développe librement et sans beaucoup d'efforts ; de
plus, le spectateur voit également bien, à quelque
place qu'il soit assis. La salle a été complètement restaurée avant l'ouverture de la saison de 1853—54. Le
plafond, d'un bleu pâle, orné de figures allégoriques,
est d'un bon effet ; la bordure blanche des loges sur
laquelle se détachent de jolis groupes d'amours en
carton-pierre, ressort avec vigueur, par l'opposition
du rouge cramoisi des tentures du fond. Le rideau, fait
sur le modèle de celui de l'opéra-comique de Paris, ne
manque pas d'élégance.

Le Théâtre d'Amiens, qui dépend du 2e arrondissement théâtral, appartient à la ville, et peut contenir
environ onze cents personnes. Une troupe sédentaire
y joue, pendant huit mois de l'année seulement, de
novembre à mai, l'opéra-comique, le drame, le vaudeville et la comédie. Il y a quelques années, on y
adjoignait le grand opéra, qui a été supprimé comme
étant au-dessus des forces des artistes, et en raison de
l'insuffisance des décors et de la mise en scène.

L'orchestre, composé nominativement de quarante
musiciens, mais en réalité d'une trentaine au plus,
renferme dans son sein d'excellents éléments et des
artistes de mérite, mais il lui manque cette discipline
et cette unité si remarquables même dans les plus petits

orchestres de Paris. — Les jours de représentations sont les dimanche, lundi et jeudi de chaque semaine.

SALLES PRINCIPALES. — Indépendamment de sa Salle de Spectacle, Amiens en renferme deux autres où se donnent fréquemment des Bals et des Concerts.

1°. La *Salle Saint-Denis*, sise à l'extrémité du passage de ce nom. Sans être grande, elle est fort agréable et bien décorée. Les lambris sont ornés de grisailles d'un travail délicieux, représentant diverses scènes empruntées à la mythologie : ces grisailles décoraient les principaux salons du château d'Heilly, et ont été heureusement rachetées et conservées lors de la vente des matériaux et de la démolition de cet antique édifice.

2°. La *Salle Longueville*, remarquable par l'ampleur de ses proportions : elle n'a pas moins de 44 mètres de long, sur 22 mètres de large. Au fond est une tribune dans laquelle se placent les musiciens, pendant les soirées où l'on danse. C'est là qu'en 1848 se tinrent les assemblées qui eurent lieu pour préparer les élections.

Sociétés Savantes. — Le nombre des Sociétés savantes est assez considérable à Amiens. Parmi les principales, nous devons citer en première ligne la Société des Antiquaires de Picardie, à l'initiative de laquelle cette ville est redevable du beau Musée qu'elle va posséder, et dont la construction se poursuit rapidement.

Elle fut fondée en 1836, sous le titre moins prétentieux de *Société d'Archéologie du département de la Somme*, par MM. Rigollot, docteur en médecine ; A. de Clermont-Tonnerre, ancien colonel d'état-major ; Coo-

querel, ingénieur en chef des mines; Vincent, prêtre;
l'abbé Dauthuille; F. Guérard, conseiller-auditeur;
A. Bouthors, greffier en chef; F. Leserrurier, conseiller; Ad. de Grattier, substitut; H. Dusevel, membre
de la Société des Antiquaires de France, auteur de
l'*Histoire d'Amiens;* Ledieu, banquier; Aug. Leprince,
rentier; Ed. Butler, littérateur et archéologue; et Aimé
Duthoit, sculpteur.

Le Comice agricole, fondé en janvier 1835, s'occupe
de tous les intérêts agricoles de l'arrondissement
d'Amiens. Il veille à l'amélioration des instruments, machines, ustensiles et appareils servant, soit à la préparation, à la culture et à l'ensemencement du sol, soit à
la récolte, au transport, à la préparation des produits,
soit enfin aux divers usages agricoles; il encourage
aussi les concours d'animaux reproducteurs. Cette utile
association, présidée par M. le baron de Morgan de
Frondeville, compte plus de 300 membres titulaires et
un grand nombre de membres correspondants. A la demande du Comice et la proposition du Préfet, M. le
Ministre de l'Agriculture et du Commerce a institué, en
1849, une chaire d'agriculture pour le département de
la Somme. Le cours public et gratuit a lieu, à Amiens,
les mardi et vendredi, dans l'une des galeries de la
Halle aux Grains.

La Société d'Horticulture du département de la
Somme, fondée en 1844, a répandu à Amiens le goût
des fleurs et apporté de grandes améliorations dans la
culture florale et maraichère. Elle fait chaque année
plusieurs expositions publiques à des époques indé-
terminées.

Télégraphe électrique. — Amiens est maintenant un centre où aboutissent les fils du Télégraphe

électrique des chemins du Nord et de Boulogne : un bureau pour la réception et la transmission des dépêches, est établi rue du Camp-des-Buttes, 10 : en se conformant au tarif établi, les particuliers peuvent se servir, pour leurs affaires personnelles, de ce nouveau genre de communication si sûr et si rapide.

Usines à Gaz. — Deux importantes usines à Gaz sont établies à Amiens, et concourent simultanément à l'éclairage de la ville.

La première est placée aux bords de la Somme, à peu de distance du port, sur le chemin de hallage : elle fut fondée par la Compagnie européenne, en 1836.

La deuxième est établie rue du Petit-Saint-Roch : elle est sous la direction de M. Duroselle fils.

Amiens est maintenant éclairée d'une manière convenable, grâce à ces deux établissements : quelques rues seulement conservent encore avec les réverbères l'ancien éclairage à l'huile ; mais cette anomalie s'efface et disparaîtra bientôt entièrement.

RENSEIGNEMENTS

Concernant principalement les Voyageurs.

HOTELS.

Abreuvoir (*de l'*), petite rue de Beauvais, 11.
Amiénoise (*de l'*), rue des Trois-Cailloux, 14.
Berceau d'Or (*du*), place de l'Hôtel-de-Ville, 13.
Commerce (*du*), rue des Jacobins, 36.
Croix Blanche (*de la*), grande rue de Beauvais, 40.
France et d'Angleterre (*de*), rue des Rabuissons, 23.
Londres (*de*), place de l'Esplanade de Noyon.
L'Univers (*de*), place Saint-Denis et rue de Noyon.
Paris (*de*), rue des Jacobins, 18.
Pomme de Pin (*de la*), rue de Metz, 10.
Rhin (*du*), place Saint-Denis.
Rocher de Cancale (*du*), rue des Cordeliers, 3.
Écu de France (*de l'*), place Saint-Denis.
Bourgogne (*de*), petite rue de Beauvais.
Ville de Rouen (*de la*), petite rue de Beauvais.

RESTAURANTS.

Buffet de la Gare du Nord.
Defrance, place Périgord, 1.
Madame Contentieux, rue des Rabuissons.
Manceaux, rue des Corps-Nuds-sans-Têtes.

CAFÉS.

Vincent, rue des Trois - Cailloux, 34, et rue des Corps-Nuds-sans-Têtes, 2.

Diollot, place Périgord, 16, et Passage de la Renaissance, 5.

Rotonde (de la), rue des Sergents, 10, et Passage de la Renaissance.

Théâtre (du), rue des Trois-Cailloux, 59.

Paris (de), rue des Trois-Cailloux, 69.

Domart, Galerie du Commerce, 31.

Vigreux, Galerie du Commerce, 28-29.

Bosquet (du), trois entrées, une Impasse des Jeunes-Mâtins, 10; une rue des Verts-Aulnois, 16; une rue Delambre, 16.

François, rue des Verts-Aulnois, 30.

Hippolyte, place Périgord, 25.

Marquise (de la), rue des Trois-Cailloux, 104.

Paix (de la), rue des Trois-Cailloux, 53.

Vert, rue des Trois-Cailloux, 36.

Dufourmantelle, petite rue de Beauvais, 61.

Globe (du), rue des Trois-Cailloux, 49.

JOURNAUX PUBLIÉS A AMIENS.

L'*Ami de l'Ordre,* feuille politique, paraissant six fois par semaine. Imprimeur : Eugène Yvert, rue Sire-Firmin-Leroux, 24.

Le *Mémorial de la Somme,* feuille politique, paraissant six fois par semaine. Imprimeur : Challier, rue des Jeunes-Mâtins, 20.

Le *Napoléonien,* feuille politique, paraissant six fois par semaine. Imprimeur : T. Jeunet, impasse des Cordeliers, 3.

Le *Publicateur de la Somme*, journal d'annonces, littéraire, commercial et agricole, paraissant tous les samedis. Imprimeurs : Caron et Lambert, place du Grand-Marché, 1.

Le *Moniteur Picard*, nouvelles locales, agriculture, commerce, littérature, beaux-arts, annonces et avis divers, paraissant tous les dimanches. Imprimeur : Alfred Caron, rue des Trois-Cailloux, 44.

La *Revue de l'Art Chrétien*, recueil mensuel d'archéologie religieuse, publié sous la direction de M. l'abbé J. Corblet, paraissant du 15 au 20 de chaque mois par livraison de 3 feuilles grand in-8°. Le prix est de 12 fr. par an. Imprimeurs : Caron et Lambert. Les bureaux sont à Paris, rue Bonaparte, 25.

L'*Étoile de la Somme*, journal d'annonces, paraissant tous les dimanches. Imprimeur : Lenoël-Hérouart, rue des Rabuissons, 10.

RECETTE GÉNÉRALE.

M. Féron, Receveur-Général, place St-Denis, 36.

Les Bureaux sont ouverts tous les jours, de neuf heures à trois heures, les dimanches et fêtes exceptés.

BANQUIERS.

MM. Ledieu, rue du Cloître-de-l'Horloge, 12.
Deforceville, Degove et Poulain, r. des Lombards, 4.
Denis-Gallet, rue Henri IV, 12.
Grimaux et Dufétel, rue des Jeunes-Mâtins, 18.
Lefeuvre frères, rue Saint-Leu, 10.
Ern. Mallet et compagnie, rue basse Saint-Martin, 9.
Le Bouffy et compagnie, petite rue Saint-Remy, 6.
De Nerville, Duvette et Cie, rue des Jacobins, 5.

CHANGEURS.

MM. Desmarquest, rue des Vergeaux, 9.
Pollet-Machart (Mme), rue des Sergents, 10.
Stiévenart sœurs, rue des Orfèvres.

LIBRAIRES.

MM. Caron et Lambert, Marché-aux-Herbes, 1.
Alfred Caron, rue des Trois-Cailloux, 44.
Godard-Lequien, rue des Vergeaux, 54.
Prévost-Allo, rue des Verts-Aulnois, 5.
Lenoël-Hérouart, rue des Rabuissons, 10.
Niquet, place St-Denis, 47.
Wallon-Desmaret, rue des Trois-Cailloux, 8.
Fournier, rue des Trois-Cailloux, 114.
Dufétel, rue des Trois-Cailloux.
Boulanger, place Périgord, 10.
Beauvais, rue des Verts-Aulnois, 23.
Lamon-Mercier, place Périgord, 5.
Mlle Hourdelle, Passage de la Renaissance, 4.

INDICATION

DES PRINCIPAUX MONUMENTS, ÉTABLISSEMENTS PUBLICS ET PARTICULIERS

QUI N'EXISTENT PLUS A AMIENS.

ABBAYE DE NOTRE-DAME DE PARACLET (l') (ordre de Citeaux), riche communauté de filles, était dans la rue des Jacobins, vis-à-vis le passage de la Comédie. Les religieuses portaient, comme les chanoines, le surplis et l'aumusse.

ABBAYE DE SAINT-ACHEUL (l'), à deux kilomètres environ de la ville, n'était qu'un prieuré en 1085. Elle devint dans la suite très-célèbre.

ABBAYE DE SAINT-JEAN D'AMIENS (ordre des Prémon-trés). Les religieux de cette abbaye demeurèrent d'a-bord près la ferme de Saint-Roch. Leur monastère ayant été détruit en 1597, par les Espagnols, ils vinrent s'établir rue des Lirots, dans le local actuel du Lycée impérial.

ABBAYE DE SAINT-MARTIN-AUX-JUMEAUX (l'), placée près de l'ancienne porte aux Jumeaux, et qui n'était dans l'origine qu'une modeste chapelle élevée par quelques filles pieuses en l'honneur de Saint-Martin, devint plus tard un prieuré, et ne fut érigée en abbaye qu'en 1145. Des religieux de l'ordre de Sainte-Geneviève l'occupèrent jusqu'en 1634. Les Célestins en prirent alors possession, et la firent abattre en 1725, pour y construire leur église, et y restèrent jusqu'en 1778.

BAILLIAGE (le). Les bâtiments occupés aujourd'hui par le Musée et l'Ecole communale de dessin, se voient encore place de la Mairie, 3. Ils auraient, dit-on, succédé à la Male-Maison (*Mallum publicum*), où, dans les huitième et neuvième siècles, se tenaient les plaids locaux de la province.

BARBACANE, ouverture longue et étroite, pratiquée sous la grève du port d'Aval, pour l'écoulement des immondices de la ville, à l'endroit même où la rivière d'Avre, venant du château d'eau, se jette dans la Somme.

BARGE (la) était le siége de la juridiction du chapitre de la Cathédrale. Le nom en est resté à la rue que l'on perça sur son emplacement. Il y avait la prison de la Barge.

CHATEAU D'AMIENS (ancien). Il était de construction romaine, et l'on pense que Jules-César l'avait fait construire. Les empereurs l'habitèrent pendant leur séjour à Amiens. Il passait pour une des meilleures forteresses de l'Europe, avant que l'on ne changeât le système de fortification. On présume qu'il s'étendait de l'ancien Bailliage à la rue des Vergeaux.

CHATEAU (petit), nommé aussi le *Châtelet*, et détruit vers 1300, était placé vers la rue des Vergeaux. Vis-à-vis se développait une esplanade appelée *le Verger*, d'où il est probable que la rue a tiré son nom. Il existait encore un Châtelet, rue des Sergents; ce dernier fut abattu un siècle après le précédent.

CHAPELLES DE SAINT-DIDIER ET DE SAINT-VALERY, étaient situées rue Neuve et rue Saint-Denis.

CHAPELLE DE NOTRE-DAME DE BON-SECOURS, dans l'ancien cimetière de Saint-Denis, était célèbre par une image miraculeuse de la Vierge.

CHAPELLE DE SAINT-MONTAN, MONTAIN OU MONTAING, figurait près du chemin actuel d'Amiens à Vignacourt.

CHAPELLE DE SAINT-QUENTIN, bâtie à l'endroit où ce Saint fut emprisonné, se voyait sur la place Saint-Martin.

CLOITRES (les) de la Barge, de l'Horloge et de Saint-Nicolas, servaient de demeure aux chanoines de la Cathédrale.

COLLÉGE (l'ancien), rue de ce nom et rue des Jacobins, fermé à l'époque de la révolution, a été transformé en séminaire diocésain; ensuite (1817) en caserne d'infanterie.

COMMUNAUTÉS RELIGIEUSES, COUVENTS D'HOMMES ET DE FEMMES.

COMMUNAUTÉS D'HOMMES.

AUGUSTINS (les), confirmés vers 1250 en qualité de religieux mendiants, avaient leur couvent dans la rue de ce nom.

CARMES DÉCHAUSSÉS (les) demeuraient rue Gresset, autrefois rue des Carmes et des Fossés-Saint-Méry. Leur couvent et l'église ont été démolis en septembre 1797. Le passage Lenoël a été élevé sur l'emplacement de leur maison.

CAPUCINS (les) occupaient, dans la rue de ce nom, un vaste établissement. On voyait encore, il y a quelque temps, des restes de leur église, dans la maison qui porte le n° 39. Au milieu de l'ancien jardin de ces moines, on a percé la rue Neuve-des-Capucins.

CÉLESTINS (les), dont l'établissement à Amiens datait du quatorzième siècle, demeurèrent d'abord près de la porte de Saint-Firmin, puis à côté de celle de Saint-Pierre. Lors de la construction de la citadelle, ils furent obligés de quitter leur couvent; mais on leur donna, à titre de dédommagement, l'abbaye de *Saint-Martin-aux-Jumeaux*, qu'ils réédifièrent, et où ils se maintinrent jusqu'à l'époque de la suppression de leur ordre. La rue qui va du Cloître de la Barge à la rue Saint-Denis a été percée, en 1834, à travers les ruines de leur église; et, dans les anciens bâtiments de leur monastère, on a établi le chef-lieu de la cour impériale et le tribunal civil de l'arrondissement d'Amiens.

CORDELIERS (les). Leur établissement date du milieu du treizième siècle. Ils occupaient un terrain très-étendu derrière l'église actuelle de Saint-Remi, qui était l'église de leur couvent.

FEUILLANTS (les) avaient une maison dont les cloîtres étaient voûtés d'une façon toute particulière. Elle sert au dépôt des archives départementales, à la réunion des assemblées électorales et le Conseil général y tient ses sessions annuelles.

JACOBINS (les) demeuraient rue de ce nom, vis-à-vis l'ancien collége; ils avaient une église spacieuse et enseignaient la théologie.

MINIMES (les), établis à Amiens vers 1482, demeuraient place de ce nom. Leur couvent fut converti en une manufacture, et c'est dans le jardin que la rue Neuve-des-Minimes a été ouverte.

ORATORIENS (les), prêtres chargés par l'évêque de faire des missions dans le diocèse, s'établirent à Amiens en 1624, et s'y maintinrent jusqu'au milieu du siècle

dernier. Leur église, bâtie en 1687, appartient aujour-
d'hui aux Dames du Sacré-Cœur.

BÉGUINES (les) étaient des filles et des femmes veuves
vivant en communauté, sans se lier par aucune espèce
de vœux. A l'époque de leur suppression, leur maison
devint la propriété du corps de ville, qui la posséda
longtemps sous le nom de *Béguinage;* elle était placée
aux environs du quai.

CARMÉLITES (les), établies à Amiens en 1606, furent
placées d'abord chaussée Saint-Leu, puis au haut de
la rue Saint-Jacques, et ensuite vis-à-vis l'hôtel de
Cérisy, même rue. Depuis longtemps, elles occupent
une maison rue de la Porte-Paris, où elles ont fait construire une chapelle.

CLARISSES (les). Le monastère de ces religieuses était
situé chaussée Saint-Leu, presque vis-à-vis l'église
Saint-Sulpice. Il a été converti de nos jours en une
filature de lin, et postérieurement en imprimerie sur
étoffes. Parmi les premières abbesses, on compte plusieurs princesses issues d'un sang royal. Quelques religieuses Clarisses ont fondé, depuis 1815, un nouvel
établissement situé rue du Loup, 36.

FILLES DE LA VISITATION DE SAINTE-MARIE (les) paraissent à Amiens en 1640, rue des Rabuissons. Leur
monastère fut démoli en 1823, lorsque l'on forma la
rue appelée de leur nom : *rue des Saintes-Maries.*
Un petit nombre de *Visitandines* ont relevé leur communauté, qu'elles établirent d'abord rue des Jacobins,
et qui a été transférée dans l'ancienne maison des Carmélites, rue Saint-Jacques. La coupole majestueuse de

l'église de ce couvent se remarque actuellement rue Saint-Fuscien, 55.

MAUREAUCOURT (les Religieuses de), ordre de saint Benoît, occupaient depuis 1148 le prieuré de Notre-Dame de Maureaucourt, situé sur la Somme, près du village de l'Étoile. La guerre qui s'alluma, en 1635, entre la France et l'Espagne, fit juger à ces religieuses qu'elles allaient être exposées à l'insolence des soldats des deux partis. C'est pourquoi elles vinrent s'établir à Amiens, dans la rue des Rabuissons, à l'endroit où s'éleva, en 1823, la bibliothèque communale.

PÉNITENTES (les Filles), dites *Repenties*, ou autrement *Sœurs-Blanches*. Leur maison, destinée à préserver les personnes du sexe de la contagion du vice et à leur offrir un refuge en cas de faiblesse, se trouvait d'abord dans la chaussée Saint-Leu, et en dernier lieu rue des Capucins, où elles avaient été transférées en 1655.

PROVIDENCE (les Filles de la), ou *Filles de Sainte-Geneviève*, s'établirent à Amiens vers 1688. Le bâtiment principal de leur monastère fut commencé en 1693, et l'église bénite en 1702. Ce couvent a été, lors de la fermeture des maisons religieuses, converti en habitations particulières et en un Collége dit *de la Providence* dirigé par les R. P. Jésuites.

SŒURS-GRISES (les) ou *Filles de Sainte-Élisabeth*, s'établirent en 1382, dans l'hôpital de Saint-Nicolas en Cocquerel. La maison fut rebâtie en 1618. Leur nom est resté à la rue dans laquelle elles demeuraient.

SAINT-JULIEN (les Filles de), qui vinrent se réfugier à Amiens, après la destruction de la ville de Thérouanne par Charles-Quint, avaient leur couvent chaussée Saint-Leu. Sur une partie de son emplacement, on cons-

truisit, en 1754, une fontaine qui conserva le nom de
Saint-Julien.

Ursulines (les) s'introduisirent à Amiens vers 1619.
Leur monastère, qui avait remplacé l'hôtel de Crève-
cœur, était un des plus vastes et des plus beaux de
France. Converti en maison d'arrêt en 1793, il devint
plus tard un hôpital d'ambulance, et enfin un magasin
de la manutention militaire dépendant de la caserne de
gendarmerie. Dans le cours de 1817, quelques anciennes
religieuses achetèrent une faible portion de l'ancien
emplacement, pour y relever leur institution, et s'établirent rue Saint-Dominique.

ÉGLISES PAROISSIALES ET COLLÉGIALES.

Saint-Firmin-en-Castillon, très-ancienne collégiale,
bâtie, dit-on, sous l'épiscopat de saint Geoffroy, pour
consacrer la mémoire du martyre de Saint-Firmin, fut
démolie vers 1805. Construite sur l'emplacement de
l'ancien château, comme le faisait assez connaître sa
dénomination, elle occupait une grande partie de l'espace qui forme la place de la Mairie.

Saint-Firmin-le-Confesseur. Cette collégiale existait
avant la construction de Notre-Dame ; c'était l'église
paroissiale la plus ancienne de la ville. Elle fut, en
1236, transférée dans la rue de son nom, parce qu'il
fallait qu'elle *cédât sa place à la cathédrale* qu'on bâtis-
sait alors. Les travaux se firent lentement. Le chœur
seul était achevé en 1247 : le grand portail et les ailes
du chœur ne furent même terminés qu'en 1474. Cette
église, qui formait un assez joli vaisseau gothique,
disparut en 1797.

SAINT-FIRMIN-A-LA-PORTE, A-LA-PIERRE OU AU-VAL. Ce n'était dans l'origine qu'un simple prieuré bâti, en 1106, près de la porte de la ville, sur le penchant de la vallée de l'ouest, par Adam, châtelain d'Amiens. L'église fut construite en 1117. Devenue la proie des flammes au commencement du XIIIe siècle, on la réédifia et on y joignit un cimetière. Brûlée une seconde fois dans le XVe siècle, et reconstruite en 1476, elle fut abattue après la tourmente révolutionnaire. — Dans un caveau voisin subsistaient, dit-on, une fontaine et un puits auxquels on attribuait des propriétés miraculeuses. — Cette église était située sur le terrain qu'occupe la place qui lui a emprunté son nom de Saint-Firmin-à-la-Pierre.

SAINT-NICOLAS, église collégiale, remarquable par son architecture *romane* et construite dans le XIe siècle par les soins de Dreux, évêque de Thérouanne, figurait cloître de son nom. Vendue en 1781 à un entrepreneur, elle fut jetée bas parce qu'elle menaçait ruine, et son emplacement devint un magasin de bois. Philippe-Auguste y épousa, en 1193, Ingelburge, dont il se sépara dès le lendemain des noces, mais qu'il reprit dans la suite.

SAINT-MARTIN. Cette église, située grande rue de Beauvais, et dont la première pierre avait été posée en 1753 par le vénérable évêque De la Motte, occupait, ainsi que l'abbaye de ce nom, l'emplacement de l'ancien hôtel des douze Pairs de France, aujourd'hui *Hospice des Incurables*.

SAINT-MARTIN-AUX-WAIDES OU AU-BOURG. Elle avait été construite sur l'emplacement d'une hôtellerie dans laquelle la tradition dit que saint Martin reposait lorsque Jésus-Christ lui apparut couvert de la moitié du manteau que le pieux guerrier avait donné à un pauvre en entrant à Amiens, vers l'an 337 de notre ère. L'église Saint-Martin avait peu d'étendue dans l'origine, mais elle fut agrandie dans le XVe siècle avec le produit des offrandes que les marchands de la ville avaient coutume de faire à Saint-Martin : de là son nom de *Saint-Martin-aux-Waides*. La société populaire y établit ses séances le 28 octobre 1793. Elle fut vendue ensuite et démolie quelques années plus tard, pour agrandir la place de son nom, située à peu près au centre d'Amiens.

SAINT-MICHEL (église paroissiale de) se voyait à l'endroit qu'occupe aujourd'hui la place du même nom. A l'époque de sa construction, qui remonte à 1240, elle n'était pas comprise dans l'enceinte de la ville ; et se trouvait en dehors de la porte de Larquet. Une statue en pierre de l'archange Michel décorait le portail. Elle passait pour un morceau très-remarquable.

SAINT-REMI (église) se trouvait sur la place de ce nom ; son origine n'est pas connue ; dans la première moitié du XVIe siècle, elle fut agrandie. Sa tour fut achevée en 1560, l'édifice fut érigée alors en style flamboyant. Vendue le 19 avril 1792, elle fut démolie entièrement il y a quelques années.

SAINT-SULPICE, église paroissiale, primitivement placée sur le terrain de nos jours occupé par l'esplanade de la citadelle, fut transférée, lors de la construction de cette forteresse (1598), dans le local de l'ancien hôpital de Saint-Jacques. Elle fut vendue ainsi que son presbytère et son cimetière, le 19 avril 1792, et convertie en un magasin.

ÉCOLE DES ORPHELINS OU ÉCOLE DES ENFANTS-BLEUS, fondée en 1628, dans la rue Neuve, par Guillain Lucas, chanoine de la cathédrale, en faveur des pauvres orphelins de la ville. Il fallait, pour être admis, qu'ils fussent nés de légitime mariage et dans la foi catholique. Leur nom d'*Enfants-Bleus* était dû à la couleur de leur bonnet et de leur robe. On les gardait douze ans dans la maison, dont les bâtiments étaient très-simples, et sur le frontispice de laquelle on lisait ces mots de l'Écriture :

ORPHANO TU ERIS ADJUTOR.

GRANDES-ÉCOLES, maison de Saint-Nicolas aux pauvres clercs, bâtiment reconstruit en 1361, rue du Collége, des libéralités de Guillaume-le-Barbier, chanoine de Notre-Dame. C'était le lieu où allait étudier la jeunesse amiénoise avant l'établissement de l'*ancien collége*, qui fut à son tour remplacé par les casernes d'infanterie.

ESPLANADE DE MÉROVÉE. C'était un vaste terrain aux environs de la rue des Vergeaux, et autour duquel Mérovée fut, dit-on, promené sur le pavois lors de son élection comme roi des Francs en 447.

FABRIQUE D'ARMES, existait, du temps des Romains, derrière l'Hôtel-Dieu actuel. On l'appelait *Spataria* et *Scutaria*, du nom des armes qu'on y forgeait. Ces armes se faisaient en partie par le secours des moulins à l'eau. Le Moulin-Taille-Fer (*Molendinum incidens ferrum*), dans la rue de ce nom, était une des dépendances de cet établissement.

FERME DE SAINT-ROCH, était contiguë au faubourg de la Hotoie, vis-à-vis le bastion de Guyencourt et appartenait aux Prémontrés.

FONTAINE DES RABUISSONS. C'était la plus remarquable de toutes nos fontaines, par sa construction. Elle était placée contre le rempart, à l'endroit jadis occupé par une porte du même nom et vis-à-vis la rue des Rabuissons. Une naïade en demi-relief, représentant la nymphe de la Somme, laissait échapper de son urne, sur des grés amassés en forme de rocher, une eau qui ne remplissait pas toujours le large bassin qui les entourait. De chaque côté du monument étaient deux becs en cuivre, auxquels les habitants du quartier pouvaient souvent aussi demander un plus abondant tribut. Cette fontaine fut abattue en 1830.

FOSSÉ-FERNEUSE (*Fovea ardens*), dans le grand faubourg de Noyon, sur le côté droit de la route et à peu de distance de Saint-Acheul, était un endroit où, suivant d'anciennes légendes, on brûlait les *ladres* et les *hérétiques*.

HOQUET (le), *Hoketum vel Hoketa*, ancien quartier d'Amiens, où l'on voyait autrefois, sur la petite rivière d'Avre, qui le longe tout entier, des moulins soumis à la juridiction de l'évêché. Les meuniers étaient tenus de fournir à l'évêque, le jour des Cendres, *cinquante anguilles et cinquante bourdelles de la valeur d'environ vingt-cinq sols.*

HOPITAUX.

HÔPITAL DE SAINT-JACQUES. Cet établissement, détruit depuis de longues années, était situé presque en face du quatrième pont de la ville, en entrant par la porte Saint-Pierre.

HÔPITAL DE SAINT-JEAN DE JÉRUSALEM, se voyait près de l'église de Saint-Michel.

Hôpital de Saint-Julien, transformé plus tard en un couvent de religieuses du même nom, paraît avoir été le plus ancien des hôpitaux de la ville.

Hospice de Saint-Ladre ou de Saint-Lazare. Le nom du fondateur est ignoré. Dans les XIIe et XIIIe siècles on y recevait les bourgeois atteints de la lèpre. Les plus malades étaient confinés dans des cellules, d'où il leur était défendu de sortir sans s'être munis d'un instrument de bois dont le bruit écartait ceux qu'ils pouvaient rencontrer.

Hôpital de Saint-Nicolas-en-Coquerel, exista jusqu'à 1486, année pendant laquelle on le concéda aux Sœurs-Grises, pour en faire le siége de leur communauté.

Hôpital de Saint-Quentin, sur la place Saint-Martin-au-Bourg. On y recevait dès le IXe siècle les voyageurs malades.

Hôpital de Saint-Pierre, fondé dans le XIVe siècle, et abattu lors de la construction de la citadelle, était placé entre la porte de ce nom et le pont des Célestins.

HOTELS.

Hôtel des Cloquiers, était à côté de l'église paroissiale de Saint-Martin. Les maïeurs l'achetèrent en 1316, lorsqu'ils quittèrent l'ancien Hôtel-de-Ville : ils y tinrent leurs archives jusqu'en 1595, époque de sa démolition. Il était surmonté de deux petits clochers, dont l'un servait à indiquer l'heure des *plaids*.

Hôtel du Gard, près de la porte Saint-Firmin-à-la-Pierre. Il servait, en temps de guerre, de lieu de refuge aux religieux de l'abbaye du Gard. Des sculptures en bois, dont une charmante lithographie a reproduit l'aspect, en décoraient la façade. Philippe de Valois y logea, à son passage à Amiens, après la malheureuse affaire de Crécy en 1346.

HÔTEL-DE-VILLE (ancien). Il fut construit à l'époque où les maïeur et échevins cédèrent au bailli la Male-Maison pour y tenir ses audiences. On voit encore, dans la rue de Ville, quelques vestiges de cet édifice. D'après la tradition, l'échevinage y siégea jusqu'au XIVe siècle, alors que le chef-lieu de la commune fut transféré à l'*Hôtel des Cloquiers.*

JARDINS DES COMPAGNIES PRIVILÉGIÉES DE LA MILICE BOURGEOISE. Les principales de ces compagnies étaient, à Amiens, celles des *Archers*, des *Canonniers* ou *Coulevriniers*, des *Arbalétriers*, des *Arquebusiers*. Elles se réunissaient à des jours marqués, dans un jardin spécial, pour s'exercer au maniement de l'arme qui leur était propre.

Le *Jardin des Archers* était situé dans la rue de ce nom; celui des *Canonniers*, dans la rue des Rabuissons; celui des *Arbalétriers*, dans la rue des Cordeliers; celui des *Arquebusiers*, appelé par le peuple le *Jardin de la Diablesse*, dans la rue de Beauvais.

MAIL (le), promenade très-agréable, plantée en 1703, détruite en 1834. Elle suivait l'ancien rempart depuis la porte de Paris jusqu'à la fontaine des Rabuissons. Son étendue était de 400 mètres.

MONNAIE (Hôtel de la), établi en 1577, en vertu des lettres-patentes de Henri III, était situé rue Gresset, nº 15. La marque des pièces que l'on y frappait était la lettre X.

PIERRE SAINT-FIRMIN. Sous l'épiscopat de saint Geoffroy (de 1104 à 1116), on portait processionnellement la châsse de saint Firmin le martyr, et déjà on allait franchir la porte de la ville, lorsque tout-à-coup les reliques du Patron du diocèse s'appesantirent au point qu'il fut impossible de les transporter plus loin, ce qui obligea de les reporter à la Cathédrale. Pour perpétuer le souvenir de cette miraculeuse aventure, on plaça à l'endroit où elle avait eu lieu, une pierre que l'on décora du nom du Saint, et sur laquelle on en reposait la châsse lors des processions générales.

PILORI (le). C'était une tour hexagone, sans calotte, de huit mètres de hauteur. Elle était située sur le Marché-aux-Herbes et avait été construite, dit-on, aux frais d'un gentilhomme qui, assistant à l'exécution d'un de ses amis, manqué par le bourreau, avait porté à ce dernier un coup d'épée à la gorge. La sentence fut gravée sur le monument; mais plus tard un maïeur, parent du gentilhomme, pour en effacer le souvenir, la fit masquer en élevant à chaque face une loge qui servit d'échoppe à des particuliers.

PLACE SAINT-FIRMIN-EN-CASTILLON, la première, mentionnée dans les chartes municipales, a été remplacée par celle de la Mairie.

NOTA. Quelques autres petites places ont cessé aussi d'exister, ou ne sont plus connues par leurs anciens noms. Ce sont celles des *Grands-Maiseaux*, *Gordesle*, de *Glatigny*, *la Placette* et le *Marché aux Bêtes*.

PORTES.

PORTE DES ARTS OU DES BRIQUES, était placée dans la rue du Hocquet, vis-à-vis le pont des Augustins; une tour triangulaire, de 7 mètres sur chaque face, la défendait. Elle subsistait en 1324, et fut détruite en 1712.

PORTE DE BEAUVAIS, remplacée par la barrière de ce nom. C'était l'une des principales de la ville. Flanquée de deux grosses tours avec un pont-levis, elle avait été reconstruite en 1553, sur l'emplacement de celle de 1347. Son pont-levis fut supprimé en 1696, et elle-même fut abattue en août 1806.

PORTE DES CÉLESTINS (Fausse), ouverte dans un mur contre le cloître de la Barge, existait en 1209. L'objet de sa construction avait été de clore les cloîtres où habitaient les chanoines de la Cathédrale et ceux de la collégiale de Saint-Nicolas.

PORTE CLYPÉENNE, démolie en 1349, se trouvait, dit-on, à l'entrée de la ville où est aujourd'hui le grand pont du canal.

PORTE AUX FAGOTS, était située près du pont dit *à Cornailles*, et servait de limite lors du deuxième agrandissement.

PORTE DU GAYANT OU DU GÉANT, connue aussi sous les noms de *Porte de Duriame* et de *Saint-Maurice*, était placée précisément à l'endroit où se trouve aujourd'hui le bassin du canal, et formait le dernier angle du boulevard de la citadelle du côté de la ville. Elle avait été murée dès le mois d'octobre 1407. En la démolissant, on trouva sous terre une tour ancienne, des ossements et quelques médailles.

PORTE DU GRAND-PONT, l'une des plus anciennes, se voyait au bout de la chaussée Saint-Pierre. Elle remontait au VIIIe siècle, et fut démolie vers l'an 1484.

PORTE DE LA HOTOIE, pratiquée à l'époque de l'agrandissement de 1347, ouvrait sur le faubourg de son nom. Elle n'avait rien de remarquable. On a commencé sa démolition le 31 juillet 1806.

PORTE AUX JUMEAUX (la), dont l'existence remontait au temps des Romains, s'ouvrait sur la grande route qu'Agrippa, favori de l'empereur Auguste, avait fait tracer pour aller de Boulogne à Lyon par Amiens, Soissons, Beauvais, etc. Son nom lui venait des figures de Romulus et de Rémus allaités par une louve, représentées sur son fronton : emblème national, dont le peuple-roi ne manqua jamais de décorer les monuments qu'il élevait en pays conquis. L'emplacement de cette porte antique fut occupé d'abord par l'abbaye de Saint-Martin-aux-Jumeaux, et plus tard par le couvent des Célestins.

PORTE DE LARQUET, était placée entre la Cathédrale et la place Saint-Michel. On la rétablit en 1458. Elle était, à ce qu'il paraît, dans l'origine, à la disposition exclusive de l'évêque, puisqu'en 1464, intervint un accord entre la ville et le prélat, décidant qu'on la laisserait ouverte désormais pour la commodité du public.

PORTE DE LONGUE-MAISIÈRE, autrement DE LONGUE-MURAILLE, dont le pont-levis fut supprimé en 1482, et qui fut détruite en 1486, était placée à l'entrée de la place Périgord.

PORTE DE MONTRE-ECU, placée à l'endroit qu'occupe actuellement la chapelle de la citadelle, avait reçu ce nom parce que son fronton était décoré des armes et du chiffre de François Ier, qui la rétablit en 1531. C'est par cette porte, devenue historique, que les Espagnols entrèrent dans Amiens, en 1597, lors de la malheureuse surprise de cette ville; mais ce fut aussi près de cette même porte qu'Hernand-Teillo, leur commandant, fut tué d'un coup de mousquet au moment où il examinait les positions de l'armée française, qui ne tarda pas à reprendre la place. Il paraîtrait qu'une porte du même nom aurait existé antérieurement à la précédente sur le même emplacement.

PORTE DE NOYON, était de l'époque du dernier agrandissement (1475). Le pont jeté sur le fossé qu'elle défendait, n'était qu'en bois en 1584; il fut depuis en briques, assis sur plusieurs arches et bien travaillé. En 1636, on fit à cette porte des travaux considérables : on la garnit de demi-lunes. Elle disparut dans les premières années du XIXe siècle.

PORTE DE PARIS, située autrefois au bout de la rue de ce nom. Son aspect extérieur avait quelque chose d'imposant. Reconstruite en 1531, fortifiée en 1592, fermée en 1607, à cause de sa trop grande proximité de celles de Noyon et de Beauvais, détruite en 1826; elle servit tour-à-tour de prison, de magasin à poudre et de dépôt de mendicité.

PORTE DES RABUISSONS, au bout de l'ancienne rue de ce nom. Elle avait été ménagée dans les remparts lors de la troisième enceinte d'Amiens, en 1347.

PORTE DE SAINT-DENIS, supprimée en 1486, était placée entre la rue de ce nom et l'ancien cimetière.

PORTE DE SAINT-FIRMIN-AU-VAL OU A-LA-PIERRE, existait en 1107 : située près de l'ancienne église de ce nom, elle fut abattue en 1489.

PORTE DE SAINT-MICHEL, existait en 1315. Murée en 1412, elle fut supprimée en 1486. Elle était située au carrefour de la rue Neuve et des Pères de l'Oratoire.

PORTE DE SAINT-PIERRE. Il y eut deux portes de ce nom ; la première, ouverte dès 1346, murée en 1412 ; la seconde, construite en même temps que la citadelle (1598), fut détruite en 1831.

PORTE DE LA VOIRIE, elle tenait à l'ancienne tour de la Barette, et mettait le quartier qu'elle avoisinait en communication avec la Voirie, où l'on ne parvenait autrefois qu'au moyen d'un bac. Elle fut ouverte un peu avant la révolution : on descendait du rempart dans cette porte, qui fut démolie en 1821.

PRÉVÔTÉ. L'édifice où siégeait cette juridiction qui avait remplacé la justice des vicomtes, se trouvait près de l'Oratoire en 1525 : on l'a démoli à la fin du XVIIe siècle.

PRIEURÉ DE SAINT-DENIS-DES-PRÉS (*Sanctus Dionysius in pratis*), se voyait, avant 1789, à l'endroit qu'occupe aujourd'hui la place Saint-Denis, près la rue du Collége. Ce monastère, dont on a mal à propos attribué la fondation en 985, à un vicomte d'Amiens, du nom de Roricon, n'a été construit qu'en 1085, par les soins d'un prêtre de l'église d'Amiens, nommé Ingustion. Il se trouvait alors hors de la ville et situé au milieu de prairies d'où lui était venu son nom : il ne fut renfermé dans la cité que vers la fin du XVe siècle.

PRISON DU TEMPS DES ROMAINS, existait à l'endroit qu'occupe aujourd'hui la maison n° 4, place Saint-Martin. Saint Quentin, apôtre du Vermandois, y fut enfermé en 287, et, dans le XVᵉ siècle, on bâtit au-dessus une chapelle dédiée à ce confesseur de la foi.

SALLE DU CONCERT, construite en 1752, sur un terrain cédé par le gouverneur de Picardie à une société d'ama-teurs, près de l'emplacement de la salle de spectacle. Depuis le commencement de ce siècle, la salle de concert a cessé d'exister.

SALLE DE SPECTACLE (ancienne). Avant la salle ac-tuelle, une salle de spectacle avait été construite en 1749, rue des Verts-Aulnois, sur l'emplacement d'un jeu de paume qui existait vers le milieu de cette rue. Elle fut incendiée et remplacée, en 1779, par celle de la rue des Trois-Cailloux.

TEMPLIERS (les) avaient, à ce que l'on croit, une maison à Amiens, rue Tappe-Plomb, pour cela appelée autrefois rue du Temple.

TOURS.

TOUR DU GARD OU AUX COULONS, se voyait encore en 1825, dans la cour de la maison n° 29, rue des Trois-Cailloux. Elle avait été élevée en 1419, et flanquait l'an-cien rempart avant l'agrandissement de la ville, opéré dans le XVᵉ siècle. On lisait sur une de ses faces :

» Cette tour a été faite des biens de Misielle
» Isabeau du Gard, qui fut femme de
» Sire Jacques D'EMBREMEU, en l'an mil IIIIᵉ XIX. »

TOUR DU GÉANT (la), qui fut découverte en démolis-sant la porte de ce nom, existait du temps des Romains, comme le prouvent assez les antiquités que l'on y trouva en exécutant des fouilles.

TOUR DE LA HAYE OU DE LA BARETTE, construite en 1350, défendait l'ancienne porte de la Voirie. Elle était très-forte et recouverte en grès de toutes parts : on l'a démolie au commencement de ce siècle et on s'est servi d'une partie des matériaux pour construire, en 1834, le pont de la Barette.

TOUR DE JÉRUSALEM, située dans la rue haute Notre-Dame, bâtie en 1444, démolie en 1675.

TOUR DU PONT SAINT-MICHEL, bâtie en 1449, défendait l'entrée de la ville en aval de la rivière. On y avait établi un droit de péage pour les bâteaux qui remontaient le Quai. Le revenu annuel s'élevait, en monnaie du temps, à 1055 livres 13 s. 4 d.

TOUR DE LA TOURNELLE, située près du Quai, existait en 1291. L'époque de sa démolition est inconnue.

VOIE ROMAINE. Elle fut achevée 17 ans avant Jésus-Christ. Cette voie romaine n'était pas directe dans toute sa longueur. Elle était alignée d'une ville à l'autre, et formait, dans sa totalité, un grand nombre d'angles, pour joindre les grandes villes. Par exemple, une branche allait d'Amiens à Beauvais, une autre d'Amiens à Soissons, par Noyon.

~~~~~~

PETITE REVUE BIOGRAPHIQUE.

PERSONNAGES CÉLÈBRES, SAVANTS, LITTÉRATEURS, ARTISTES, ETC.

NÉS A AMIENS.

4e Siécle après Jésus-Christ.

Saint Firmin-le-Confesseur, 3e évêque d'Amiens, y naquit en 322, de Faustinien, l'un des magistrats de la ville, converti à la foi par saint Firmin-le-Martyr. Il établit le siége épiscopal à Saint-Acheul, gouverna saintement son église pendant 40 années, et mourut vers 407.

5e Siècle.

Childéric Ier. Plusieurs auteurs le font naître à Amiens l'an 436. Il succéda en 457 à son père Mérovée. Amiens était alors le siége de la nouvelle monarchie des *Franks*. Il mourut (481) au retour d'une expédition contre les Allemands.

7e Siècle.

Saint Domice, vertueux anachorète et chanoine de Notre-Dame, est désigné par les anciens manuscrits et par les légendes comme le directeur spirituel de sainte Ulphe. On ne connaît point d'une manière précise l'époque de sa naissance ni celle de sa mort. Sa fête se célèbre le 22 octobre.

Sainte Ulphe, née en 682, d'une famille opulente : elle renonça au monde pour vivre dans la retraite. La mémoire de cette vierge est restée en grande vénération dans le pays. Elle érigea, dit-on, un monastère dans les environs de la rue des Vergeaux.

10e Siècle.

GUY D'AMIENS, fils d'un comte de cette ville, monta en 973, sur le siége épiscopal de Soissons : il mourut en 995.

11e Siècle.

PIERRE L'HERMITE. Le cadre de notre revue ne nous permet pas d'entrer dans de grands détails sur cet homme étrange, qui remua son siècle. Il naquit en 1048, d'une noble famille d'Amiens, prit d'abord le parti des armes et épousa Béatrix de Roucy. Veuf au bout de trois ans d'union, il résolut d'embrasser la vie monastique et de visiter les Saints-Lieux. L'état déplorable des chrétiens de la Palestine le toucha vivement; il fit un appel à la chrétienté contre les *infidèles,* et prêcha la *première croisade* en 1095. Avec son bâton de pèlerin, il alla conquérir la Terre-Sainte, à la tête des masses d'hommes et des nombreux chevaliers de toute nation qu'il avait entraînés sur ses pas, au cri magique alors de : *Dieu le veut !* Couronné, suivant l'expression du P. Daire, de quelques lauriers mêlés de cyprès, il mourut le 8 juillet 1115, à 62 ans. Sa statue a été inaugurée le 29 juin 1854, sur la place Saint-Michel.

RORICON, né, dit-on, à Amiens dans le 11e siècle, est auteur d'une chronique sur l'histoire de la Monarchie française jusqu'à la mort de Clovis, imprimée dans le tome III, du Recueil des Historiens de France, par D. Bouquet.

12e Siècle.

HUGUES D'AMIENS, un des plus savants hommes de son siècle, promu en 1130 à l'archevêché de Rouen, fut

8

l'ami de saint Bernard, de l'abbé Suger, etc. : il mourut en 1164.

Saint Félix de Valois, né à Amiens en 1127, fonda, avec saint Jean de Matha, gentilhomme provençal, l'ordre religieux de la Trinité, pour la délivrance des chrétiens captifs chez les infidèles. Il mourut en 1242, chargé d'années et de vertus, dans la solitude de Cerfroi.

Albert, instituteur de la règle des Carmes, né à Amiens dans le 12e siècle, fut d'abord prieur général du monastère de Sainte-Croix de Mortare, puis évêque de Bobio pendant vingt ans. Son éloquence et la sainteté de sa vie le firent élever à la dignité de *Patriarche de Jérusalem.* Il avait établi sa résidence à Acre, lorsqu'il y fut assassiné en 1214, au milieu d'une procession.

Thibaut d'Amiens, d'une extrême rigidité sur l'observance de la discipline ecclésiastique, parvint en 1222 au siége archiépiscopal de Rouen. Il mourut en 1229.

Arnoult, 47e évêque d'Amiens, naquit en cette ville à la fin du 12e siècle, comme le précédent. Il parvint, en 1236, au pontificat et s'est rendu célèbre par sa sentence contre le grand bailli Geoffroy de Milly, qui avait fait pendre, sans forme de procès, cinq clercs ou écoliers, et principalement par les constructions importantes exécutées à la Cathédrale pendant son épiscopat. Il mourut en 1247.

13e Siècle.

Eustache d'Amiens, né en 1203, composa un assez grand nombre de poésies, dont la licence et l'enjouement constituent le principal caractère.

Girardin d'Amiens, naquit en 1219. Suivant l'usage de l'époque, il proposait aux *Troubadours* ou *Trouvères,* ses collègues, des questions de galanterie et répondait avec facilité à celles qu'on lui soumettait.

RICHARD DE FOURNIVAL, né dans notre ville, écrivait en 1240. Ses ouvrages les plus importants sont : le *Roman d'Abladène*, sur l'origine d'Amiens; les *Commandements d'Amours* et le *Vestiaire d'Amours*.

HUE-LI-MARONNIERS, autre trouvère, en vogue dans le même siècle, vivait en 1270. On le désignait sous le nom du Marinier d'Amiens, probablement à cause de sa profession.

RICQUIER D'AMIENS, poète licencieux, tombé dans un juste oubli, vivait avant 1300.

14e Siècle.

FIRMIN DE COQUEREL, né à Amiens d'une noble famille, évêque de Noyon (1348), chancelier de France sous Philippe VI, mourut en 1350. Ses armes parlantes se voient au milieu de la rose du grand portail de la Cathédrale.

JEAN-LE-JEUNE OU LE JOSNE, 61e évêque d'Amiens, y naquit en 1411, de Robert, 7e bailli de cette ville : il fut élevé au siège épiscopal d'Amiens en 1433, transféré à celui de Thérouanne en 1436, nommé cardinal en 1439, et mourut à Rome en 1451. C'était, à en croire le P. Daire, le plus riche des cardinaux de son temps.

15e Siècle.

BERTAULD (Jean), né vers 1414, mort en 1472, entra dans l'ordre des Célestins à l'âge de 16 ans. Prieur du monastère de Collemade près d'Aquilée en Italie, il rétablit la discipline dans la plupart des maisons de cette contrée devenue dès-lors pour lui une seconde patrie.

A la mort de l'abbé-général de l'ordre, il fut nommé pour lui succéder. Il sut mériter l'estime et la bienveillance des princes italiens, qui plusieurs fois le députèrent vers le roi de Sicile René d'Anjou, et vers les rois de France Charles VII et Louis XI.

PHILIPPE DE MORVILLIER, né à Amiens, ancien premier président du Parlement de Paris. Forcé en 1432, par les Anglais, maîtres de Paris, de renoncer à ses fonctions, il se retira dans sa patrie, et mourut en 1437. Il est auteur d'un ouvrage resté manuscrit, sur le *Gouvernement des choses publiques et économiques,* dédié à sa ville natale.

CATHERINE DE LICE. C'est notre *Jeanne Hachette.* Elle sauva la ville d'une surprise, au moment où (1494) les soldats de l'empereur Maximilien escaladaient déjà les murailles du côté du faubourg de Saint-Pierre. S'avançant jusque dans les fossés, Catherine de Lice donna l'éveil à la sentinelle, en lui criant en patois picard : *Eh! guet, préns garde à ti !* On parut en force sur les remparts et les ennemis furent repoussés.

JEAN DESTRÉEZ, auteur d'un assez grand nombre de *jeux poétiques* ou espèces de comédies connues sous le nom d'*épîtres farcies,* écrivait en 1472.

DUBOIS (Jacques) DEL IBOË ou SYLVIUS, né à Amiens en 1478, mort à Paris en 1555. Les leçons données par ce célèbre médecin au collége de Cornouailles, attiraient un nombreux auditoire. Malheureusement on lui reproche autant d'avarice qu'il avait de savoir.

DROUIN (Jean) a traduit l'*Histoire des trois Maries,* 1511, et la *Grant Nef des Folles,* « selon les cinq sens » de nature, composée selon l'Évangile de Monseigneur » S. Matthieu, des cinq vierges qui ne prindrent point

» *du'ylle* avec elles, pour mettre en leurs lampes avec
» plusieurs additions ajoutées par le translateur, 1583. »
On y voit figurer la Mère du genre humain qui convient
avoir été la *première et la plus grande* des Folles :

    « Ce fut, *dit-elle*, quant la pomme je veiz,
    » Dont je mengé, qui cher nous couste.
    » Je puis dire, à mon advis,
    » Tel a beaux yeulx, qui ne voit goutte. »

16ᵉ Siècle.

BAUHIN (Jean), né en 1505, cultiva avec distinction
l'art d'Hippocrate et fut le médecin de la reine Catherine
de Navarre. Ayant embrassé le calvinisme, il se vit
forcé de passer en Allemagne, puis en Suisse, où il fut
nommé en 1578 assesseur et doyen du collége de la faculté de médecine de Bâle; il y mourut en 1582.

VASCOSAN (Michel), né à Amiens vers le commencement du 16ᵉ siècle, imprimeur dès 1530, publia des
éditions recherchées comme très-correctes et dont lui-
même corrigeait les épreuves. Il vécut sous François Iᵉʳ,
Henri II, Charles IX, et mourut sous Henri III en 1576.

JUDAS (Jean), né à Amiens en 1510, nommé général
de tout l'ordre des Minimes au chapitre tenu à Valence
en Espagne, en 1562, mourut à Rome en 1577. Il y fut
inhumé dans l'église du couvent de la Sainte-Trinité du
Mont dont il était le supérieur.

DEMERLIÈRES (Jean), professeur de mathématiques au
collége du Plessis, a publié en 1568, un traité sur
l'*Usage de l'Instrument pour mesurer toutes les super-
ficies en droite ligne*, tirée des éléments d'Euclide, etc.

RIOLAN (Jean), célèbre médecin, né à Amiens en
1539, fut une des gloires de l'Université de Paris. Ses

8.

œuvres forment un vol. in-folio. Il mourut en 1605, doyen de la Faculté de médecine. C'est le père de RIOLAN (Jean), anatomiste du premier ordre, médecin de Marie de Médicis, né en 1580.

DE MIRAULMONT (Pierre), né vers 1550, successivement lieutenant-général, grand prévôt de France, est connu par divers ouvrages, et entre autres, par des mémoires très-estimés sur l'*Origine et l'Institution des Cours souveraines et des Justices royales,* etc. On le trouva mort dans sa chambre (1611) et recouvert de son drap.

CHOQUET (Louis), versificateur abondant qui florissait vers le milieu de ce siècle, fit représenter un mystère sur la *création du monde*, et publia un poème intitulé le *Mystère de l'Apocalypse en Rhythme*, qui ne contient pas moins de 9000 vers.

VISEUR (Robert), docteur en théologie, grand-vicaire du diocèse, né en 1555. Il possédait au plus haut point le talent de la controverse, et a composé beaucoup d'ouvrages de piété.

DE LOUVENCOURT (François), né à Amiens en 1569, y mourut en 1638. Il remplit les fonctions de conseiller du Roi, trésorier de France et général des finances en Picardie, cultiva les lettres avec succès, et fut l'ami du chanoine Adrien de La Morlière.

BLASSET (Nicolas), une des illustrations de notre cité, né en 1587, mort en 1659. On admire le fini, la beauté des formes de toutes les productions de cet artiste fameux, sculpteur et architecte du roi. Son chef-d'œuvre est l'*enfant pleureur*, dans l'église cathédrale.

LEFEBVRE DE CAUMARTIN (François), 76ᵉ évêque d'Amiens, y naquit en 1592, fut sacré en 1618, et mourut en 1652, après 37 années d'épiscopat. Il se rendit re-commandable par sa vigilance toute pastorale. C'est le premier évêque de notre diocèse qui ait commencé à porter la croix pectorale.

DEMONS (Claude), né en 1591, mort en 1677. Il fut conseiller du roi, subdélégué de l'intendant : il a laissé un assez grand nombre de vers, dont quelques-uns, rares il est vrai, ne sont pas sans mérite. Le P. Daire l'a confondu avec J. Demons, sieur d'Hédicourt, son père, auteur de deux ouvrages très-bizarres de théologie mys-tique, publiés en 1594 et 1595.

CORNET (Nicolas), docteur en théologie de la faculté de Paris et grand-maître du collége de Navarre, né en 1592, mort en 1663, prit une part très-active aux que-relles des jansénistes.

BAUDOUIN (Benoît), né avant 1597, fut d'abord prin-cipal du collége de Troyes, puis régent à celui d'A-miens, et, en dernier lieu, maître de l'Hôtel-Dieu de cette ville. Il mourut en 1632. Il se fit connaître dans la république des lettres par la publication d'un *Traité sur la Chaussure des Anciens* (*Calceus antiquus et mysticus*), plusieurs fois imprimé de 1615 à 1732, et par la *Tra-duction en vers français de dix tragédies de Sénèque*, Troyes, 1629.

VOITURE (Vincent), naquit à Amiens en 1598, dans une maison de la place du Marché-aux-Herbes, d'un père marchand de vins. On sait que Voiture, surnommé le *bel-esprit* du 17e siècle, jouit pendant sa vie d'une réputation littéraire que la publication posthume de ses œuvres a bien affaiblie. Il fut l'un des quarante de l'Aca-démie Française, et, à sa mort arrivée en 1648, cette illustre compagnie porta son deuil, honneur que dans la suite elle ne décerna à aucun de ses membres.

DUFRESNE (Jean), seigneur de Préaulx, un des frères puînés de l'érudit Ducange, naquit à Amiens dans les dernières années du 16ᵉ siècle, exerça avec distinction la profession d'avocat, publia un *Commentaire sur la coutume d'Amiens*, et mourut en 1675.

D'AGUESSEAU (Antoine), aïeul du chancelier du même nom. On le fait naître à Amiens vers la fin du 16ᵉ siècle.

17ᵉ Siècle.

BOULANGER (Jean), graveur, né en 1607, est regardé comme l'inventeur de la gravure au pointillé, genre bâtard dont souffrit longtemps l'école française.

DUCANGE (Charles DUFRESNE, seigneur), né à Amiens en 1610, fit d'excellentes études au collége de cette ville, fut reçu ensuite avocat au Parlement de Paris, puis abandonna la carrière du barreau pour se livrer exclusivement à l'étude de l'histoire sacrée et profane, grecque, romaine et du moyen-âge. Son érudition était immense et les trésors en sont consignés dans de nombreux ouvrages dont le plus fameux est *le Glossaire*. Ducange mourut en 1688. On peut voir dans l'histoire littéraire du P. Daire la liste de ses ouvrages imprimés et manuscrits. La statue de ce célèbre écrivain, a été inaugurée le 19 août 1849, sur la place Saint-Denis.

FRANÇOIS (Claude), né en 1615, étudia la peinture sous Vouet et sous Lebrun. Pour accomplir un vœu, il entra à 26 ans dans l'ordre des Récollets, ce qui ne l'empêcha pas de cultiver son art de prédilection. Il mourut en 1685. Le tableau d'autel de la chapelle de Saint-Etienne, dans la Cathédrale, est de Claude François, plus connu sous le nom de frère Luc.

Rohault (Jacques), célèbre mathématicien et philosophe, disciple de Descartes, naquit en 1620, vis-à-vis l'église Saint-Germain, d'un père marchand de vins, comme celui de Voiture. On a de lui un *Traité de Physique*, 1671, le meilleur qui ait paru jusque-là; *Entretiens sur la Philosophie*, in-12. Ses œuvres posthumes, in-4°, ont été publiées en 1682. Il mourut à Paris en 1675, à l'âge de 55 ans.

Barré le P. (Nicolas), prédicateur et professeur en théologie, de l'ordre des Minimes, instituteur des Ecoles chrétiennes et charitables de l'Enfant-Jésus et des Sœurs de la Providence, né à Amiens en 1621, mourut en odeur de sainteté au couvent des Minimes de la Place Royale à Paris, le 31 mai 1686.

Varlet de la Grange (Charles), naquit à Amiens d'un riche procureur. Entraîné par son goût pour l'art théâtral, il se rendit à Paris, en 1658, et débuta dans la troupe du Palais-Royal, où Molière fit de lui un excellent comédien. Varlet de la Grange le remplaça plus tard dans la direction de sa troupe et mourut en 1692.

Decamps (François), antiquaire et historien d'une prodigieuse fécondité, né à Amiens en 1643, mourut à Paris en 1723. La liste de ses ouvrages est indiquée dans l'Histoire du P. Daire, page 226.

Féjac (Jacques-Hyacinthe), prédicateur célèbre, né en 1647, mort en 1715. Il a fait imprimer plusieurs de ses panégyriques et oraisons funèbres.

De Villers Rousseville (Nicolas), auteur d'un assez grand nombre d'ouvrages imprimés et manuscrits sur l'histoire de la province de Picardie et du comté d'Amiens. Il mourut en 1726.

LAGACHE (Jean), né en 1660, mort en 1738. Il se fit un nom par ses ouvrages sur la mécanique. Il avait la manie de dépenser des sommes considérables à la *recherche de la pierre philosophale.*

MASCLEF (François), chanoine de la Cathédrale d'Amiens, fut chargé de la direction du Séminaire sous Mgr. Feydeau de Brou ; mais soupçonné de jansénisme, il perdit cette place après la mort de ce prélat. Il était très-versé dans les langues orientales, et publia en 1716 une grammaire hébraïque, où, s'écartant des principes adoptés jusqu'à lui, il rejette les points des *Massorethes,* juifs du 9ᵉ ou 10ᵉ siècle. Cet ouvrage fit sensation dans le monde savant. On en doit encore deux autres au chanoine Masclef, les *Conférences ecclésiastiques du diocèse d'Amiens et le Catéchisme d'Amiens.* Il mourut en 1728, âgé de 63 ans.

CRESSENT, sculpteur habile, né dans le 17ᵉ siècle, mais à une époque qu'il ne nous a pas été possible de préciser. Parmi les ouvrages dus au ciseau de cet artiste, on cite de préférence, comme des morceaux très-remarquables, les *deux anges adorateurs,* autrefois placés dans le sanctuaire de la collégiale d'Abbeville, et le *Groupe de l'Assomption,* dans l'église de l'hôpital-général à Amiens.

BOUQUET (Martin), plus connu sous le nom de D. Bouquet, né le 6 juin 1685, mort le 6 avril 1754. Bénédictin de la congrégation de Saint-Maur, d'une érudition profonde et d'une patience admirable, entreprit un des monuments historiques les plus importants que nous possédions : la *Collection des Historiens de France.* Il en composa neuf volumes remarquables par les précieux documents qu'ils renferment.

DECOURT (Jean-Joseph), maire d'Amiens en 1665, mort en 1723. Il a composé les *Mémoires chronologiques et historiques* pour servir à l'histoire ecclésiastique et civile de la ville d'Amiens, MS., 2 vol. in-folio. On les conserve à la bibliothèque impériale. La ville d'Amiens en a fait faire, pour sa bibliothèque, une copie où les amis de l'histoire locale peuvent consulter les utiles indications qu'ils renferment.

PLANQUE (François), né en 1696, mort en 1765. Il se livra avec une ardeur infatigable à l'étude de la médecine, publia plusieurs ouvrages estimés : une *Bibliothèque choisie de Médecine*, 11 vol. in-4°, 1748, fruit de vingt années de travail ; une *Chirurgie complète*, 2 vol. in-12, livre encore apprécié de nos jours, etc.

18ᵉ Siècle.

DUPUIS (Jean-Baptiste-Michel), sculpteur, membre de l'Académie d'Amiens, mort à Paris en 1780, plus qu'octogénaire. Notre belle basilique renferme un grand nombre de ses ouvrages, qui dénotent un véritable talent. Nous l'avons nommé en parlant de la chaire, de la gloire, de différentes chapelles et du tombeau de l'évêque Sabatier. Dupuis, pendant tout le cours de sa longue carrière, se fit chérir par l'aménité de ses mœurs, et respecter par ses vertus.

PETYST (Louis-Antoine), d'une famille connue dès 1221. Avocat au bailliage d'Amiens en 1729, maire en 1769. Jurisconsulte profond, littérateur instruit, il concourut puissamment à l'établissement de l'Académie d'Amiens, dont il fut membre.

DELIGNY (François), ex-jésuite, né à Amiens en 1709, mort en 1770, est auteur de l'*Evangile médité*, souvent réimprimé depuis son décès. Il y a une édition grand in-8°, avec de belles gravures.

GRESSET (Jean-Baptiste-Louis), naquit en 1709, dans la rue qui porte son nom, de Jean-Baptiste Gresset, conseiller du roi, et de Catherine Rohault, descendante du célèbre physicien de ce nom. Elevé chez les jésuites, habiles à deviner le génie et à l'associer à leur ordre, il prit l'habit à l'âge de 16 ans. Dès les premiers temps de son noviciat, l'apparition du poème charmant de *Vert-Vert*, que de toutes parts on s'arrachait, lui attira l'improbation de ses supérieurs. Les contrariétés qu'on lui suscita à cette occasion, le dégoûtèrent de la vie religieuse : il y renonça pour obéir aux sentiments d'indépendance qui tourmentaient son cœur, et vint se fixer à Paris, où sa réputation l'avait précédé. Accueilli, encouragé par tous les hommes remarquables, arbitres suprêmes alors de notre littérature, il répondit dignement à son étonnant essai, et se plaça aussitôt au premier rang. On sait que successivement il publia une *Imitation des Eglogues de Virgile*, le *Carême impromptu* et le *Lutrin vivant*, joyeux frères du perroquet de Nevers; la *Chartreuse*, les *Ombres*, etc. Un penchant irrésistible l'entraînait vers le théâtre : il composa et fit représenter *Edouard III*, tragédie; *Sidney*, comédie, 1745; le *Méchant*, 1747, comédie dont les vers sont si beaux, la morale si pure, si profonde, le caractère principal tracé d'une manière inimitable. Reçu à l'Académie Française en 1748, sans avoir sollicité cette distinction, il obtint, en 1750, des lettres patentes pour l'établissement de celle d'Amiens. Des scrupules de conscience lui firent abandonner une carrière dans laquelle il avait fourni sa course avec éclat. Gresset se retira définitivement à Amiens dans sa maison de campagne du *Plinceau*. Il venait d'être nommé écuyer, chevalier de Saint-Louis, historiographe de l'ordre royal et militaire de Saint-Lazare, lorsque la mort le surprit subitement le 16 juin 1777. Sa dépouille mortelle, déposée d'abord dans le cimetière Saint-Denis, a été transférée dans la Cathédrale le 16 août 1811. Une simple pierre en indique la place.

DE RODES (Jacques-Joseph), le chevalier, mathématicien distingué, a écrit un grand nombre de mémoires sur les sciences qu'il cultivait. Membre de l'Académie d'Amiens, il mourut en 1761, au moment où il allait être reçu à l'Académie des sciences.

DAIRE le P. (Louis-François), religieux et bibliothécaire de la maison des Célestins de Paris, né à Amiens en 1713, mort à Chartres en 1792. Froid historien, mais laborieux annaliste, il a laissé sur notre histoire locale de nombreux ouvrages, dont voici la liste chronologique : *Histoire civile et ecclésiastique de la ville d'Amiens*, 1757, 2 vol. in-4°; *Histoire civile et ecclésiastique de Montdidier*, 1365, in-12; *Tableau historique des sciences, belles-lettres et arts dans la province de Picardie*, etc., 1769, in-12; *Vie de Gresset*, 1779, in-12; *Histoire littéraire de la ville d'Amiens*, 1782, in-4°; *Histoire civile, ecclésiastique et littéraire de la ville et du doyenné de Doullens*, in-12. M. Caussin de Perceval possédait quelques-uns des manuscrits du P. Daire.

BOILEAU (Jacques-René), né en 1715, mort en 1772. Il fut directeur de la manufacture de porcelaine de Sèvres, sous Louis XV.

DE GRIBEAUVAL (J.-B. VACQUETTE DE FRÉCHENCOURT marquis de), lieutenant-général, directeur de l'artil lerie sous Louis XV, naquit en 1715. Envoyé en 1762 avec d'autres officiers de son arme au secours de la reine de Hongrie contre le roi de Prusse, il se distingua principalement par sa belle défense de Suidnitz. On lui doit l'institution de l'artillerie à cheval. Il mourut en 1794.

DINOUART (Joseph-Antoine-Toussaint) l'abbé, prédicateur assez goûté, auquel le P. Daire a consacré un long article. Il a publié des ouvrages sur la science du prédicateur, sur l'histoire ecclésiastique, des traductions d'auteurs latins, etc. Il était né en 1716.

BOISTEL D'WELLES (Jean-Baptiste-Robert), trésorier de France au bureau des finances d'Amiens, etc., né en 1717, mort en 1777. Poète par goût, il consacrait ses loisirs à la langue des dieux. Il est auteur de deux tragédies plusieurs fois représentées à Paris : *Antoine et Cléopâtre* et *Irène*. On a encore de lui quelques pièces fugitives. Il était honoré de l'amitié de Fontenelle, de Crébillon, J.-B. Rousseau, Voltaire, Racine le fils, Piron, Gresset, etc.

CARON (Antoine-Nicolas), né à Amiens en 1719, se distingua dans la gravure sur bois, qu'il apprit de Michel Papillon, regardé comme le restaurateur de cet art. Son chef-d'œuvre en ce genre est le portrait de Papillon. Son goût pour les hautes sciences le conduisit à plusieurs inventions. Accusé d'homicide par imprudence, il se justifia facilement; mais condamné à une amende qu'il ne put payer, il mourut détenu à la conciergerie de Paris, en 1768.

DE WAILLY (Noël-François), né en 1724, d'une famille connue dès 1266, mort en 1801. On doit à cet habile grammairien, une *Grammaire française*, un *Dic-*

tionnaire portatif de la langue française, et plusieurs traductions de prosateurs latins. Ce nom est encore de nos jours porté avec distinction dans les rangs de l'Université.

BOULLENGER DE RIVERY (Claude-François-Félix), né en 1725, enlevé par une mort prématurée en 1758. Magistrat intègre, homme de lettres, membre de l'Académie d'Amiens et lieutenant civil au bailliage de cette ville, il a laissé plusieurs ouvrages : entre autres un *Traité sur la cause et les phénomènes de l'électricité*, 2 vol. in-8°; des fables et des contes en vers français.

BIZET (Jean-Baptiste), né en 1728, membre de l'Académie d'Amiens, est connu par différents mémoires sur des questions de physique et d'histoire naturelle, et particulièrement par un *Dictionnaire topographique de la Picardie*, MS., 2 vol. in-4°, auquel il consacra une partie de sa vie, et que possède aujourd'hui un héritier de son nom. Cet homme estimable mourut en 1808, âgé de plus de quatre-vingts ans.

LEGRAND D'AUSSY (Pierre-Jean-Baptiste), littérateur et membre de l'Institut, né en 1737, s'est acquis une certaine réputation littéraire par la publication de *Contes ou Fabliaux*, 4 vol. in-8°; d'un *Voyage en Auvergne*, et de l'*Histoire de la vie privée des Français*, 4 vol. in-8°. Il mourut en 1800, conservateur de la bibliothèque nationale.

CHODERLOS DE LACLOS, né en 1741, colonel d'artillerie, connu par quelques écrits sur la tactique et les fortifications, mais plus encore par le roman intitulé les *Liaisons dangereuses*, ouvrage immoral, malheureusement conçu avec talent et écrit avec les grâces perfides d'un style entraînant et chaleureux. Il mourut en 1803.

GROSIER (Jean-Baptiste-Gabriel-Alexandre), ex-jésuite, né en 1743, fut le collaborateur de Fréron à *l'Année littéraire*. Il publia une édition des *Grandes annales de la Chine*, du P. de Moyriac de Mailla, missionnaire à Pékin. Il mourut en 1823, bibliothécaire de l'arsenal et membre de l'Institut.

GORIN (Louis-Charles), chanoine titulaire de la Cathédrale, grand pénitencier du diocèse, docteur ès-lettres, ancien professeur d'éloquence et principal au Collége d'Amiens, ex-proviseur du Lycée, ex-doyen de la faculté des lettres et membre de l'Académie d'Amiens, y naquit en 1754 et mourut le 15 septembre 1833, à l'âge de 89 ans et 6 mois. D'un commerce toujours aimable, d'une remarquable simplicité de mœurs, M. Gorin joignait à beaucoup de finesse d'esprit et d'enjouement une grande étendue de savoir.

DELAMBRE (Jean-Baptiste-Joseph), astronome célèbre, secrétaire perpétuel de l'Académie des sciences, naquit à Amiens en 1749. Après s'être adonné d'abord à l'histoire et à la littérature, Delambre ne commença qu'à 36 ans l'étude de l'astronomie, sous la direction de Lalande, dont il fut le successeur au collége de France en 1807. Ses travaux admirables ont fait faire d'importants progrès à la science, objet de sa prédilection, et l'ont placé lui-même en première ligne parmi les savants des temps modernes. La réputation de Delambre est européenne. Il mourut le 18 août 1822. On a donné son nom à la rue qui l'a vu naître.

GENCE (Jean-Baptiste-Modeste), né en 1755, mort à Paris en 1834, littérateur et archiviste distingué, a fourni un assez grand nombre de bons articles à la *Biographie universelle* des frères Michaud.

CARPENTIER (François-Augustin), né en 1760, se distingua, jeune encore, dans l'art du sculpteur. La façade de la salle de spectacle atteste la délicatesse de son talent. Forcé par la révolution d'abandonner une profession qui ne lui offrait plus alors assez de ressources, il obtint une place de conducteur des travaux des ponts-et-chaussées, et mourut le 27 janvier 1808, à l'âge de 48 ans.

BARON (Jean), membre de l'Académie d'Amiens et bibliothécaire de la ville, né en 1763, mort en 1826, est auteur d'une *Notice sur les Tableaux qui décorent les Salles de la Mairie*, et d'une *Notice historique sur la ville d'Amiens*, restée MS.

DIJON (Jean-Baptiste), né le 17 mai 1769, fit au collége d'Amiens de brillantes études, et fut plusieurs fois publiquement couronné par l'Académie de cette ville. Il n'obtint pas moins de succès au collége du Plessis et au concours général à Paris. Après avoir parcouru d'abord avec distinction la pénible carrière du professorat, il fut nommé Recteur de l'Académie d'Amiens où l'on conserve encore le souvenir de sa paternelle administration. Sa mort, arrivée le 15 mars 1823, excita des regrets universels, et, par suite d'un élan spontané, une souscription fut ouverte entre ses concitoyens, les fonctionnaires et les élèves de l'Académie pour élever à cet homme de bien, moissonné avant l'âge, un monument, qui est aujourd'hui l'un des plus remarquables du cimetière de la Madeleine.

TRANNOY (Pierre-Amable-Jean-Baptiste), docteur en médecine à Amiens, ex-professeur d'Histoire naturelle à l'Ecole Centrale du département de la Somme, né en 1772, mort le 25 mars 1831. Ce médecin a publié, en 1819, un ouvrage intitulé : *Traité élémentaire des Ma-*

ladies épidémiques ou populaires. Il fut le principal ré-
dacteur des articles insérés, de 1819 à 1826, dans le
Journal de la Somme, sur la *Concordance de l'Etat
atmosphérique avec les maladies régnantes à Amiens et
dans ses environs.*

DESPREZ (François-Alexandre), lieutenant-général,
né à Amiens en 1780, mort à Bruxelles en 1833. Après
avoir acquis sa part de gloire dans les premières guerres
d'Allemagne, il s'attacha à la fortune de Joseph Bonaparte, d'abord roi de Naples, ensuite d'Espagne, et le
servit toujours avec courage et habileté. En 1812, il fut
chargé par l'empereur, auquel il avait été envoyé pour
lui demander du secours, de couvrir, avec le maréchal
Mortier, la retraite de Russie ; puis il revint en France
prendre une part active à la campagne de 1814. Dis-
grâcié à la seconde restauration, pour avoir, pendant
les *cent jours*, repris ses fonctions auprès de son ancien
maître, il fut envoyé en surveillance à Amiens. Mais
cette disgrâce ne fut pas longue. Confirmé dans son
grade de maréchal-de-camp, appelé à la direction de
l'école d'état-major, il ne tarda pas à être nommé lieutenant-général. En 1823, il fit la guerre d'Espagne en
qualité de chef d'état-major du maréchal Moncey. Lors
de l'expédition d'Alger, le gouvernement lui confia un
des postes les plus éminents de l'armée, celui de major-
général. Rentré en France après les évènements de 1830,
il céda aux sollicitations de ses amis et alla en Belgique,
où il fut accueilli avec distinction. Malgré les honneurs
dont il jouissait, il n'attendait qu'un peu de stabilité
dans les nouvelles institutions de ce pays pour se retirer
dans sa famille, quand la mort est venue le surprendre,
à la veille d'accomplir son dessein.

ÉTENDUE DU TERRITOIRE

DE LA VILLE D'AMIENS

D'APRÈS LE NOUVEAU CADASTRE.

	H.	A.	C.
Faubourg Saint-Pierre	531	05	96
— Noyon	293	70	65
— Henriville	450	58	70
— Beauvais	302	15	18
— du Cours et de Hem.	207	33	68
— Saint-Maurice . . .	601	87	55
Ville. — Ouest	40	69	38
— — Nord	40	50	94
— — Est	42	67	33
— — Sud	49	81	57
La Neuville . . . . ,	320	20	50
Boutillerie	336	99	58
Petit-Saint-Jean	144	64	66
Renancourt	258	68	70
Montières	536	36	36
Longpré	849	00	00
TOTAL	5006	30	74

DÉSIGNATION.		Population municipale.	Population flottante.	TOTAL
INTÉRIEUR DE LA VILLE.	1er arrondissement.	7244	20	7264
	2e —	8254	1613	9867
	3e —	8121	1161	9582
	4e —	6254	18	6272
Faubourg Saint-Pierre.		1825	»	1825
— Saint-Maurice.		1850	»	1850
— de Noyon.		1210	471	1681
— de la Voirie.		1672	»	1672
— d'Henriville.		2657	100	2757
Grand faubourg de Beauvais. . . .		3285	59	3344
Petit faubourg de Beauvais		2229	»	2229
Faubourg de la Hotoie.		2113	265	2378
— de Hem.		1690	»	1690
Longpré		600	»	600
La Neuville		923	138	1061
Boutillerie		170	»	170
Petit-Saint-Jean		331	»	331
Montières.		1319	»	1319
Renancourt.		683	»	683
Réfugiés.		»	12	12
TOTAL.		52730	3857	56587

PREMIER ARRONDISSEMENT.

Intérieur de la Ville	7244	20	7264
Faubourgs . . . . - . . .	3675	»	3675
Section rurale.	600	»	600
Réfugiés.	»	6	6
Total.	11519	26	11545

DEUXIÈME ARRONDISSEMENT.

Intérieur de la Ville	8254	1613	9867
Faubourgs	4968	571	5539
Sections rurales.	1093	138	1231
Réfugiés.	»	1	1
Total.	14315	2323	16638

TROISIÈME ARRONDISSEMENT.

Intérieur de la Ville	8421	1161	9582
Faubourgs	6085	59	6144
Section rurale	334	»	334
Réfugiés.	»	2	2
Total.	14837	1222	16059

QUATRIÈME ARRONDISSEMENT.

Intérieur de la Ville	6254	18	6272
Faubourgs	3803	265	4068
Sections rurales.	2002	»	2002
Réfugiés.	»	3	3
Total.	12059	286	12345

RÉCAPITULATION.

Intérieur de la Ville	30173	2812	32985
Faubourgs	18531	895	19426
Sections rurales.	4026	138	4164
Réfugiés. . . . . , .	»	12	12
Total.	52730	3857	56587

TABLE DES MATIÈRES.

	Pages.
Abattoir	27
Académie des Lettres	27
Banquiers	110
Beffroi	29
Bibliothèque	30
Bicêtre	34, 96
Boucherie	35
Boulevards	35, 96
Bourse	37
Bureaux de l'Octroi	37
Cafés	109
Canal	38
Casernes	39
Caserne d'infanterie	39
— des Capets	39
— du Nord	39
— de Cérisy	39
Cathédrale	40
Changeurs	111
Château d'Eau	59
Cimetières	60
Circonférence d'Amiens	44
Citadelle	62
Climat	14
Collége de la Providence	64
Communautés (anciennes)	114
Commerce	25

	Pages.
Couvents	64
Dépôt des Pomp. à incend.	65
Description d'Amiens	27
Eglises	65
Eglise Saint-Germain	65
— Saint-Jacques	67
— Saint-Leu	67
— Sainte-Anne	68
— Saint-Remi	68
Eglises paroissiales et collégiales	118
Etendue du terr. d'Amiens	154
Faubourgs	70
Faubourg de la Hotoie	70
— de Hem	70
— de Noyon	70
— de St-Maurice	71
— Henriville	71
— de St-Pierre	71
Fontaines	71
Gare et Débarcadère du chemin de Fer du Nord	72
Halle aux Grains	73
Hôpitaux (anciens)	122
Hôpital Saint Charles	74
Hospice des Incurables	75
Hôtels	108

	Pages.		Pages.
Hôtel de la Gendarmerie .	76	Portes d'entrée	93
Hôtel-Dieu	76	Portes (anciennes)	125
Hôtel-de-Ville.	78	Ports.	93
Hôtels (anciens)	123	Port d'Aval	94
Hotoie (la).	98	— d'Amont.	93
Industrie	25	Préface	5
Introduction.	9	Préfecture.	95
Jardin des Plantes	80	Prisons	96
Journaux publ. à Amiens.	109	Prison des Grands-Chap. .	96
Libraires.	111	Promenades.	96
Lycée impérial	82	Rivières.	13
Mairie.	78	Rues.	14
Maison des Frères. . . .	83	Restaurants	108
Maison de Louvencourt. .	84	Recette générale.	110
Maisons remarquables. . .	85	Salles principales	105
Marchés.	86	Salle Saint-Denis	105
Monuments anciens. . . .	112	— Longueville	105
Musée d'Histoire naturelle.	87	Séminaire (grand).	101
Oratoire.	87	Société philharmonique. .	102
Palais de Justice.	88	Sociétés savantes	105
Palais épiscopal.	89	Tableau des Rues	16
Passages.	90	Théâtre	103
Personnages célèbres . . .	132	Télégraphe électrique. . .	106
Places 16,	91	Température.	14
Poissonnerie.	92	Tours (anciennes).	130
Ponts	92	Usines à Gaz.	107
Population de la ville d'Am.	153	Voirie (la).	98

Amiens. Typ. de CARON et LAMBERT, place du Grand-Marché.

INSTRUCTION POUR L'USAGE DE CE PLAN.

Ce Plan est divisé en un certain nombre de carrés limités par des lignes verticales et par des lignes horizontales se coupant à angle droit. En haut et en bas du Plan sont des lettres majuscules qui correspondent aux divisions verticales, et sur les côtés des numéros qui correspondent aux divisions horizontales. — Pour trouver une rue, une place, etc., on consulte la liste alphabétique disposée au commencement de ce volume, pages 16 et suivantes. En avant du chiffre indicatif de l'arrondissement se trouvent la lettre et le numéro dont les lignes conduisent, comme dans une table de multiplication, au carré qui renferme le lieu cherché.

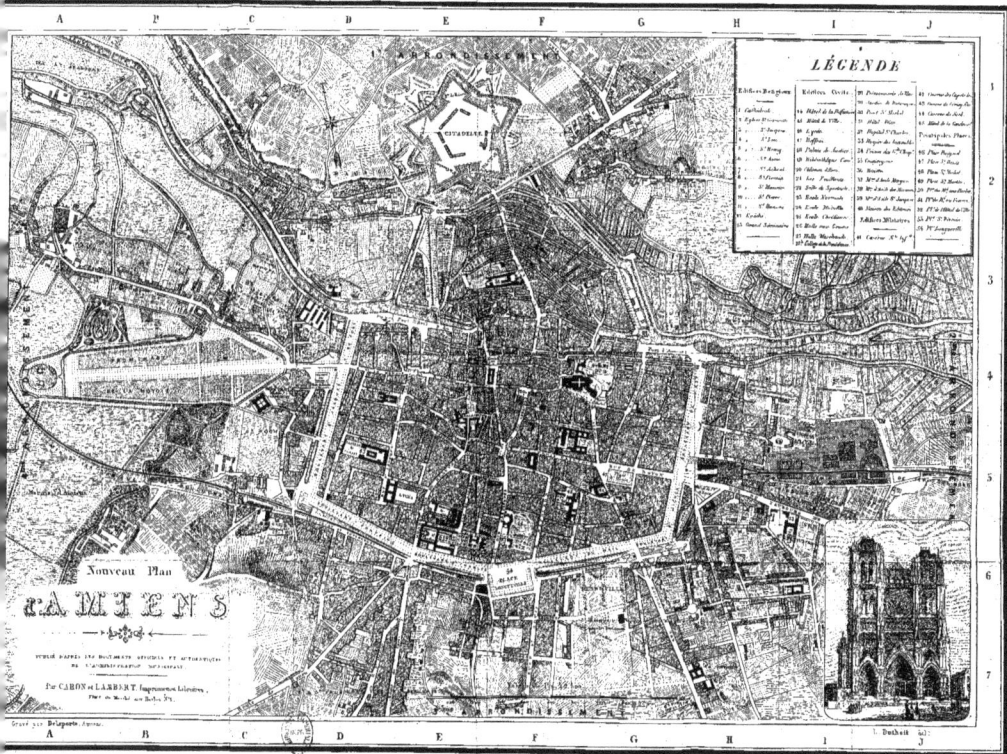

LÉGENDE

Nouveau Plan
d'AMIENS

Par CARON et LAMBERT Imprimeurs Libraires,

Propriété de CARON & LAMBERT Éditeurs à Amiens

BIBLIOTHEQUE NATIONALE DE FRANCE

3 7531 01499045 2

www.ingramcontent.com/pod-product-compliance
Lightning Source LLC
Chambersburg PA
CBHW072048080426
42733CB00010B/2034